找点

Aim A Point

精准高效的做事方法

领导工作有点，管理工作有点，经营工作有点，学术研究有点，讲话写作有点，常规性工作有点，创新性工作更有点，所有的工作都有点，抓住其独特的点，点就是成功的钥匙。

钟国兴/著

中国民主法制出版社

图书在版编目（CIP）数据

找点：精准高效的做事方法 / 钟国兴著. —北京：中国民主法制出版社，2011.6

ISBN 978-7-80219-811-1

Ⅰ. ①找… Ⅱ. ①钟… Ⅲ. ①工作方法－通俗读物

Ⅳ. ①B026-49

中国版本图书馆CIP数据核字（2011）第002795号

图书出品人 / 肖启明

图书策划 / 邱仰林

出版统筹 / 陈百顺

责任编辑 / 邱　武

书　　名 / 找点——精准高效的做事方法

作　　者 / 钟国兴　著

出版·发行 / 中国民主法制出版社

社　　址 / 北京市丰台区右安门外玉林里7号（100069）

电　　话 / 010-63292534　62155988（发行部）　62152258（编辑部）

传　　真 / 010-63292534

Http：//www.rendabook.com.cn

E-mail：mzfz@263.net

经　　销 / 新华书店

开　　本 / 710mm×1000mm　1/16

印　　张 / 12

字　　数 / 200千字

版　　本 / 2011年6月第2版　　2011年6月第1次印刷

印　　刷 / 唐山新苑印务有限公司

书　　号 / ISBN 978-7-80219-811-1

定　　价 / 28.00元

序

优秀出在点上

只要阅读这本书，就会改变你的观念和行为。

它给你的是这样一种世界观、工作观：

世界是由一个一个点构成的，工作也是由一个一个点构成的，点连成线，线组成网络。做好工作首先要分析并把握一个一个点，由点进而把握整体；反过来，还要会把整体分解为一个一个点，准确地把握它们，并逐点操作。做事要像锥子一样。

中国人，特别是北方人尤其缺少这样的点式思维、点式做事方法，市场经济的发展要求恶补这一课。

每一种工作都有其独特的点，要做好工作就必须学会找到这样的点。例如，在经营上人们无不高度重视提高利润，但往往以为整体上降低成本、提高质量等等就可以，其实这些只是基础性工作，最后真正能够让利润提高的并不是这些，而是商品上的某些点。例如生产一件女士服装，也许在某个地方添加一个具有特色的纽扣，就可以让服装引人注目并且增加销量、提高价格，那么这个纽扣就是利润点。在这样的点上用力，就会事半功倍。这样的点就是撬动整个板块的支点，找到了这样的支

点式思维

点，并且使用恰当的杠杆来撬动，那么问题就会得到很好的解决。

领导工作有点，管理工作有点，经营工作有点，学术研究有点，讲话写作有点，常规性工作有点，创新性工作更有点，所有的工作都有点，抓住其独特的点，才能把工作干得漂亮。

做工作必须做到"心中有数"，"数"是什么？就是有多少个点：基本点、关键点、问题点、症结点等等。算一下有多少个点，就是心中应该有的多少个数。心中没有点，就是没有数，就不可能干好工作。

各种不同的点之间是有结构的，例如症结点是树根，焦点问题是树干，一般的问题点是枝叶，它们就像一棵树。因此把它们整体上叫做"问题树"，要解决问题，你的心中不能只有一些杂乱无章的点，而是要把问题理清，要有一棵"问题树"。这也就是我们古人所说的"胸有成竹"。"成竹"就是成一棵树，"胸有成竹"就是"胸中有树"。学习也是这样，不能只是有一些互不相连的知识点，而是要把知识点关系理清，形成一棵"知识树"。所有的事情都是如此。

因此要做好各种事情，第一要做到心中有数，第二还要做到"胸中有树"。既没有"树"，也没有数，就是个混日子的人，在单位里就是充数的"滥竽"。如果一个企事业单位里，心中有数和"胸中有树"的人大行其道，那么这个单位一定会生机勃勃，效益非常。

当我们说一个人很优秀的时候，说的是什么？说的是他能够找到点、抓住点，在关键点上解决问题。学会点式思维、点式工作、点式管理至关重要。

优秀出在点上！在点上创造优秀！这就是本书要告诉您的道理。

目　录

工作就要抓点——点式工作法 ○○○○

经营就要找对点——点式经营法 ○○○○

管理就是管到点——点式管理法 ○○○○

要用能够找到点的人 ○○○○○○○○○○

后记

中国人缺什么

——点式思维

一个企业家的感叹

我曾经参观一个企业，恰好看到这家企业的产品被成批地退货，总经理感到非常尴尬。我知道这家企业的产品存在质量问题，客户不满意情绪很大，于是问总经理："据我所知这个问题从你们刚生产这种产品时候就遇到了，它真的就那么难解决吗？"这一句话，引来了这位总经理一连串的感慨和抱怨：

这个问题是我能解决的吗？表面看是我的企业的产品不行，实际上我的产品不是自己从地里挖出来的，各种配件都是从别的企业进的，它们的不合格率就很高。怪这些企业吗？也不能啊，因为给他们提供半成品、原材料的产品质量也存在问题啊。整个供应链上都存在问题，在我这个终端产品上表现出来了，我怎么办？每个企业的质量就差那么一点点，加起来跟人家别的国家的产品比就差好多。这就是中国啊，这就是我们的企业啊！老兄，这就是你们学者研究的问题啊！

这是若干年前的一件事，现在中国许多产品的质量正在提高，但是这番话仍然经常在我的耳边响起。因为它让我一直在思考一个问题：为什么我们的每一个企业都差那么一点点？究竟中国人在做事上、在管理上缺少什么？如果我们不反思、不解决这个问题，尽管我们产品的质量会提高，但优质的产品只能是个别的或者一部分，永远也不可能普遍地生产出来。的确，我们的"中国制造"商品已经畅销全世界，但是为什么我们的产品总是属于低档或者中低档？因为在许多方面，特别是复杂精密的产品方面，我们还总是差

那么一点点。

不止是企业，机关不是也存在这样的问题吗？我们的公共管理和公共服务，效率和质量究竟如何？我们每天看到的，不正是每一个环节都差一点点甚至更多，最后往往是漏洞百出的管理和根本不到位的"服务"吗？那么在经济全球化、信息化不断推进的背景下，若干年后我们还要继续容忍社会在这样的管理和"服务"下运行吗？

从中国走向开放那一天起，我们就在感叹发达国家人做事的精细，感叹我们做事的粗劣。难道我们还要继续这样感叹下去吗？我们还要这样感叹多少年？

当然，做事的粗劣化有体制上的原因，但体制的背后是否有文化和思维方式的因素在起作用？抛开体制需要改革这个因素，是否每一个人的行为方式也有待改进？每个企业的管理方式也需要比较彻底地更新？

每一个企业家、每一个员工，每一个政治家、每一个公务员，每一个中国人，都应该追问这样的问题。

中国人究竟缺什么

有两只猴子，为自己有尾巴而苦恼，想进化成人，于是去找上帝。上帝把它们领到一个挂着"基因库"牌子的库房里，指着一串基因说：这就是变成人的密码，你们在身上切个小口，把它放进去，就可以变成人。

第一只猴子抓了一串基因，在身上切了个小口。基因串的其他部分都很容易放进去，并且随后融入身体。只有基因链顶端上多出的一点点东西，好久才融入进去，为此费了许多周折，也忍受了长时间的疼痛。

另一只猴子看到这些说：你之所以那么费事，就是因为这串基因多了一点点东西，你太傻了！把它扔掉不就行了嘛！于是它扔掉了最后那一点点基因。

结果第一只猴子进化成了人，而第二只猴子毫无变化。

第二只猴子没有变成人，就去质问上帝。上帝说：你不知道，猴子和人在基因上就差最后那么一点点！你不愿意费事，恰巧没有植入的那一点点，就决定你只能是只浑身长毛的红屁股猴子，人家成为了可以穿衣服的直立行走的人。

这是本人在《升级才能生存》一书中，为了说明做事情一定要注重具体的点而编写的　则寓言。

这则寓言说的是如果我们做事情总是差一点点不到位，那么最后同人家做的事情相比，就像猴子和人的区别一样，表面相似，实际却有天渊之别。

为什么中国人做事在每个环节上都总是差一点点？有人说因为我们每一个人都太聪明，都会算计和偷工减料，因此过度聪明的人加在一起组成了一个做蠢事的团队。那么我们又应该问一个问题：犹太人不聪明吗，为什么人家做事非常精细，为什么人家的聪明人加在一起能够做精明的事？

中国人究竟缺少什么才导致如此？我认为，中国人缺少的是精准化的思维方式，因此也就形成了粗放化的工作方式和管理方式。应该说随着开放的深化，这种粗放化的状况正在得到改善，但是我们离精准化仍然差一大截。

中国人的相似思维

老师问学生两个问题：地球是什么形状？地球和月球是什么关系？

一个中国的学生回答：地球就像一个鸡蛋，地球和月球的关系就像一对不可分离的恋人。

而对于同样的问题，一个西方的学生回答是：地球的形状是圆球形的。月球围绕地球作椭圆运动，与地球平均距离为384400公里。

老师对中国学生说，你的回答很有想象力，很有文学色彩。对西方学生说，你的回答很准确。

中国人的思维就像这个中国学生。

中国人在思维方式上有什么特点？要弄清这个问题，就必须进行东西方思维方式对比。在中国，最能代表东方思维方式的是太极说和阴阳五行说；而在西方，最具代表性的是原子说和形式逻辑。

中国的阴阳五行说，是囊括一切的分析方法，它把所有的事物都分为阴阳，而把事物之间的关系视为生克关系，并归结出金木水火土五种基本要素，把这五行之间的生克关系看作事物关系的一种普遍模式。占卜以此来推测事物的趋势，中医以此来分析病理，此外无论武术、兵家、农家等还是国家管理，都渗透着阴阳五行的思维方法。

那么中国的阴阳五行说给人的是一种什么方法？是相似推理，类比的方法。它的公式就是：X和Y的关系约等于A和B的关系。例如中医认为肝和肺的关系相当于木和金的关系。而五脏之间的关系，则相当于金木水火土之间的生克。这种相似思维还体现在许多方面，例如中国人特别重视"象"——也就是外表的相似，风水术中把某种形状的山看作笔架、马鞍、官帽等，认为阴阳宅以某种角度对应它们，家里就会出文人、武将或者官员。在中国民俗中，还取谐音把看到或梦到棺材理解为升官发财等，这都是相似思维的结果。

中国人把万物归结为阴阳，那么阴阳背后是什么？是太极，是无极，它们更加隐隐约约，难以表述。

这是中国的相似思维。这样的相似思维有什么特点？

(1) 只求类似

对事物不是直截了当地分析，弄清其内部构造和规律，而是只要把它归结为同已知的事物相类似，差不多就行，就以为达到了认知目的，因而认识事物不深入。因而"差不多就行"，这种意识在国人中广泛存在。

(2) 模糊思考

许多问题满足于类比，而不去弄清其具体原因，注重宏观和相互关系，忽视具体、明确。因而往往认识不精确，很模糊，语焉不详。

(3) 大而化之

正因为不求甚解、语焉不详，因而也就可以大而化之、谈天说地、无所不包，大讲事物的辩证关系，滔滔不绝，细究之却可能等于什么都没说。

这三个特点，在许多领导讲话和文化人著述中都经常可以看到，他们往往一方面、另一方面地讲许多话，其实表述的模模糊糊、大而无当，听起来都是话，分析起来什么新的真正的观点都没有。可见这种思维方式影响之广、之深、之严重。

中国人的相似思维是理性思维吗？它当然具有较多的理性思维的成分，但并不是一种严格意义上的理性思维，因此我称之为"半理性思维"。在这里"半理性思维"并非贬义，因为下文中还将分析它在某些方面的优势。但我们不要把这种思维同西方的理性思维相混淆，它们具有截然不同的特点。

西方的点式思维

下面这个事件最能说明中国人和西方人思维的差异：

南京，六朝古都，兵家必争之地。

2006年7月的一天，一群金发碧眼的老外出现在山西路军人俱乐部的

"五星电器"——国内排名第四的家电连锁零售商的旗舰店，其中一位在卖插线板的地方停下来，问销售人员那些不同品牌的插线板有什么不同。

他们并非来购物，而是在巡视自己未来中国同事的销售行为模式——2006年5月前，美国最大的家电零售巨头百思买（Best Buy）宣布以1.8亿美元收购南京五星电器的51％控股权——在徘徊了近三年后，这家零售巨头终于在中国市场出手。

"我们大家只能说出价格、型号、品牌的不同"，陪他们一起巡视的五星电器南京分公司总经理黄寿宝回忆说。

这是在中国家电零售卖场里最常见的回答，这个答案会满足那些想买便宜插线板的人。可以想见，如果按照这个逻辑以此类推，为了卖出自家的插线板，厂家会争相把价格降到没有利润的地步。但是百思买的总监们并未罢休，他们中的一位卷起袖子把不同插线板拆开，并且用钳子把电线外的绝缘胶皮剥开，他提醒中国同事观察一下不同插线板电线的粗细，和它们可能适用的范围，然后说："这就是你要告诉用户的真正不同之处。"

这一幕给黄寿宝和所有在场的人都留下了深刻的印象——尽管听上去稍嫌戏剧性，但是这就是百思买做生意的方法。（《环球企业家》2006年9月号129页《百思买来了》，记者汪若菡、刘婧）

"这就是你要告诉用户的真正不同之处。"这句话不值得我们深思吗？为什么人家对于一件事这么认真地去找到"真正不同之处"，而我们却不能？这关系到西方人思维的特点。

西方的思维方式有什么特点呢？在哲学上，最代表西方思维方式的是原子说和形式逻辑。

原子说最早出现在古希腊，认为万物都是由虚空中的原子构成的。原子的不同结合、排列和搭配，造成了实际事物的千差万别。形式逻辑也大致产生于这个时期，并且深深地影响了西方人的思维。这使得西方的思维高度严密化、格式化。爱因斯坦认为，一门科学的"完整的体系是由概念，被认为对这概念是有效的基本定律，以及用逻辑推理得到的结论这三者所构成的"。（《爱因斯坦文集》第1卷，第313页，商务印书馆1976年版）他所说的体系指的是公理化体系。这种公理化体系就是建立在这种严密化、格式化基础之上的，它对近现代科学发展起到了十分重大的作用。

如果说中国的思维是相似思维的话，那么西方人的思维是什么思维呢？西方的思维我们可以概括为点式思维。

点式思维是什么？最关键的一点，就是对问题的追问总是落到一个具体的点上，而不像中国式思维，最后落到一种类似的关系上。

在西方人看来，事物是由什么组成的，什么决定了事物之间的相互作用？是原子。这就像中国人认为生克关系决定事物及其状态一样。

原子就是西方人在思考事物一般关系时最后找到的一个点。原子之间通过相互作用，形成了一种基本关系，在这种关系的基础上，形成了各种事物。如果简单地概括，可以认为西方人分析事物是着眼于具体的点，然后是点的组合，在点的组合基础上形成一个系统。

无论西方思维多么庞杂，分析问题方法如何多种多样，但它最后找到的东西大多是一个点，而且这个点是具体的、明确的，不是抽象的、模糊的。西方人所著的书，里边的内容往往很具体，不如中国文人的书"大气"，但如果读进去会非常耐读，因为有许多实实在在的新观点，也就是有"点"，而中国人的书却只有"面"——经常是"一方面"、"另一方面"、"又一方面"，面面俱到，却无一点可取。西方一位大学教授，往往在一个领域提出一两个核心概念，并且提出一系列相关概念，形成一家学说。而在中国我见过出版数十本甚至上百本著作的教授，洋洋洒洒，无所不论，却在任何领域都没有提出一个像样的基本概念，如此教授实在让人为之汗颜！为什么？因为中国的"学者"心中没有观"点"。在这样的学者这里只有墨水，可以

到处去泼，"满纸荒唐言"，却没有一点闪光之处。如同物质产品的伪劣一样，中国文人的大量精神产品之质量低劣也是一种不争的事实。因为我们自古以来就是把五行关系往事物关系上一套就万事大吉了，如今套一套"矛盾"、"辩证关系"、"系统"以及各种时髦词汇，包括套一套西方的词汇，不也算是继承了"优秀传统"、"很有学问"了吗？所以中国的文化人特别是社会科学的文化人最容易滥竽充数。针对这一问题，我建议中国大学评教授不要按照发表文章和专著的数量，而是看一个学者是否有自己的核心概念和相关概念，是否有自己的逻辑体系。连自己的核心概念都没有，更不用说有理论体系了，如何算得上教授？

西方人的书往往有具体的、严格的逻辑，而中国人的书往往是把类似的东西"归大堆"，看似有逻辑，实则无逻辑；看似宏大辩证，实则大而无当，等于什么都没说。

事实上，这样的区别不仅仅表现在中西文人身上，在领导者和管理者们的身上也有明显的区别。西方的领导讲话喜欢讲问题，而中国的许多领导甚至小到村支部书记、班组长都喜欢讲概念，讲概念之间的关系，往往概念讲得确实很"辩证"，就像五行的生克关系复杂而圆满，长篇大论，却没有具体的针对性。为什么？因为他们的心里只有"辩证关系"，却根本没有"点"。一个领导心中没有"点"，你怎么对别人进行领导？这样的领导只能把人领到云里雾里去。

值得注意的是，中国的思维方式并不等于东方的思维方式，事实上就连日本人同中国人在思维上也不一样。日本古代深受中国文化影响，但是日本人的思维却有明显的点式思维的特点，他们思考问题总是具体到一个个点上，因此日本人做事极其认真。至少这种点式思维作为原因之一，使得日本近现代的产品质量优异，形成了日本经济的优势。日本人的点式思维既是他们的思维传统，又是近现代向西方学习的结果。

中国思维的优势和劣势

你是一个体型较胖、脸色微红的人，但是好长时间眼睛觉得干涩，口腔溃疡不断，食欲减退，心情烦闷，两肋隐约胀痛，去找一个老中医号脉。老中医沉吟片刻，没有给你开眼药，也没有开治嗓子的含片和助消化的乳酶生之类的中西药，而是说你这些症状都是因为肾阴不足，导致肝阳上亢，上焦火旺。为什么这样说？因为肾属水，水生木，肾阴不足，木火就会过旺。所以老中医给你开了八味地黄丸和加味逍遥丸。

如此这般，你被老中医说得有些晕晕乎乎，肾怎么就"属水"，肝怎么就"属木"？它们和水、木有什么关系？但是，实践是检验真理的唯一标准，吃了人家给你开的药只有两个疗程，你的这些症状都大大减轻，有的已经消失了。

值得注意的是，如果你是一个体形瘦弱、面色发暗、勾腰含胸的人，症状大多相似，但经常感到两小腿发凉，老中医就不这么说了，他说你肾阳不足，如同锅底下没有火，蒸汽就不能升腾。这样你的肾不但不能滋养肝阴，而且由于肾阳不足导致肝气不足，因而脾湿胃寒，却又虚火上炎。于是给你开八味地黄丸和逍遥丸，吃一段时间后调为补中益气丸和温胃舒，结果时间不长，你的症状也减轻了许多。

"神了！"一些人的病经过中医的医治痊愈之后，往往发出如此的感慨。

中医是典型的中国人的相似思维的体现。

为什么中国人的相似思维运用于中医会成功？因为中国相似思维的要素主要是阴阳五行，把事物的关系比喻成为五行生克关系，而人的生命器官确实是一个互相制约的系统，把它们比喻成五行生克关系是有一定道理的。

那么阴阳五行关系是否可以推广到认识各种事物呢？不能，或者说很

难。认识一般事物的结构，例如一场战争、一个房子、一架机器或者水的分子式，是否可以套用阴阳五行的模式？显然无法做到。因此这个模式并不具有普遍意义，它的适用范围是极为有限的。事实上，这种方法除了被成功地运用到中医上之外，运用最多的是卜卦算命和看风水，而后者的效果很难充分验证。

尽管适用范围极为有限，但是阴阳五行模式对中国人思维影响非常大，分析事物时，往往习惯类比为相似的"生克"关系或"辩证"关系，实际上是一种相似思维。这种相似思维并非没有好处，它至少在以下一些方面具有优势。

(1) 整体思维的优势

西方的点式思维往往过多关注具体的点，对于一些问题，如果找不到内在逻辑，就无法在思维上进行整合，不能进行整体思维。但是中国的相似思维就没有这个问题，就连根本不相关的事物，只要有些类似特征，也能扯到一起。因此具有这种思维往往易于从宏观、整体上看问题，因此中国人往往具有整体思维优势。但是这种思维往往只是模糊的、并不严格的整体思维。

(2) 玄思的优势

西方人的点式思维只能进行严格的逻辑推理，不适合进行无边际的玄思。但是中国人的相似思维，却不受这种限制，可以由此及彼，宏大而博远，漫无边际。例如，中国人使用很多的"元气"概念，在西方就没有，这个概念对于形成中国独特的文化起到了重要的作用。中国的玄思使得文化深奥神秘，有许多只可意会不可言传的意味，所谓"得意忘相"、"言不尽意"，玄思可以带来浪漫，创造一种朦胧的美感，这都是其他文化所不具备的。

(3) 人文的优势

人文学科往往不需要严格的逻辑思维，而是需要其概念系统有较大的弹性和容量，以体现终极关怀，防止偏执一端，避免过多关注细枝末节。中国的相似思维正是具备这样的特点，许多概念带有较多感性色彩，只是取其近似的效果。当然，对于那些需要严格思维的学科，如法律、经济学等等，中国相似思维就缺少优势。

(4) 模仿的优势

相似思维使人善于模仿，能够很快学习其他文明的东西，包括技术上也是如此。但是，这种模仿并不完全到位，往往只是一种外表的近似，内在的、实质的东西并没有学到。

那么中国的相似思维除了这些优势之外，还有什么劣势呢？至少有如下几个方面。

(1) 似是而非

相似思维得到的结果往往是近似的，而不是真确的，因此正确的情况有许多，但是还有一些情况下可能似是而非，甚至失之毫厘谬以千里。

(2) 不求真务实

在中国的语言中，"实事求是"、"求真务实"、"认真负责"等等讲得最多，但这是因为中国人有这方面"优良传统"吗？绝对不是。如果我们有这样的优良传统，都能够做到，就没必要强调这些了。其实中国语言中这些词汇用得最多，是因为人们往往做不到这些，这方面问题太多，就像是一个缺乏营养的人整天讲要注意营养一样，绝不能理解为他营养过剩。

为什么中国人做事不求真务实？因为相似思维非常不适合求真务实，只要相似就可以，那么何必去求真呢？包括议论一些问题，点到为止就行了，何必说得那么清楚呢？这和西方人大不一样，他们的点式思维，很容易钻牛角尖，因此也能够深入钻研，有一种求真务实的精神。

(3) 做事不精确

相似思维使人做事往往以形似为满足，认为"差不多"就行了。在人们

的语言中也经常有这样的话："行了，差不多就得了，何必呢！"做事没有精确化目标、精确化办法、精确化标准、精确化结果。"世界上怕就怕认真二字"，这句话后面还应该加一句："中国人都怕认真。"相反对于点式思维的西方人来说，你想让他不认真都很难做到。

(4) 资源浪费

中国人的浪费首先是语言。说到语言浪费，人们可能以为问题并不大，无非是多说一些话嘛，实际上并非如此。语言浪费不仅导致纸张、时间等连锁浪费，因为语言作为一种工具随意使用得不到节制，因此会使人们从忽略语言浪费到忽视各种资源浪费现象，使浪费成为一种文化习惯。

相似思维容易导致语言无逻辑演绎，说话东拉西扯，大而无当，漫无边际，成为空洞的语言游戏。而且在这种文化环境下，人们以为会做语言游戏是一种独特的能力，只有这种人才能去当官，使得说空话套话甚至假话的人大行其道。

(5) 缺少创新的核心能力

中国人并不缺少创新意识，但是相似思维让人们对于创新在标准上比较模糊，追求的并不是真正的创新，而是追求类似创新的氛围和效果。例如中国人所热衷的"理论创新"，其中究竟有多少真正给人们提供了新的理论？甚至一些大名鼎鼎、为自己的"创新"洋洋自得的名人，其成果很多都很难禁得住推敲。相似思维对于模仿别人的文化成果、科学技术都是有作用的，但是对于深层次的学习和创造，却有其天然的缺陷，不利于一个民族形成核心的创新能力。

(6) 过度热衷计谋

相似思维使人思维上不是倾向于求真，而是倾向于求似，这样就给了思维很大的转换空间——从这个事物转换到另一个事物上，从一个问题转换到另一个问题上，这样思维上的投机取巧就可能成为一种倾向。于是一部分人追逐这种投机取巧，把战场、官场、商场、情场上的计谋看作智慧的最高境界，虚虚实实、真真假假，把真诚看作愚蠢，把规范视为低级。热衷计谋往往最后倾向于热衷阴谋，许多丑事恶事因此而生，许多招摇撞骗者因此而被视为成功者登堂入室。热衷阴谋是中国相似思维中生长出来的一个文化的毒瘤，应该受到现代文明的唾弃。

中国人应恶补点式思维的营养

时下国人在营养上很赶时髦，因而安利的纽崔莱等系列产品颇为流行，无论你走到哪里，都会有卖安利产品的人不厌其烦地向你推销，把安利说得包治百病。面对这样的推销，许多人都在摇头：安利的产品不错，但是它的形象正在被这些人毁掉，也许最终会重蹈仙妮蕾德在中国的覆辙。

中国人缺乏营养的概念，许多人认为只是"补品"两个字。因此无论是中国推销营养品的，还是吃营养品的人，往往都以为只要补品吃了对谁都管用。广东人的办法是把各种各样的营养品放在一起煲汤，每天都来个"十全大补"。因此对于安利

到底什么才是点式思维？

找点

一类的营养品也是如此，以为无需诊断，无需配方，无需食用方法，只要每天吃一些就有好处。结果许多人吃了之后不见效，或者产生了副作用，回过头就会说安利如何无效如何骗人。

其实，安利在它的老家——美国，并不是这种销售法，也不是这种吃法。人家并不是把它当作万能的补品，而是当作营养品。既然是营养品，使用之前营养师首先要看你缺少什么营养，然后像医生一样给你开一个配方，你要每天按照配方食用，这样才能见效。许多人这样食用安利之后，身体状况得到了很大改善。

尽管安利公司比较注重培训，但是中国人特别是那些文化素质比较低的中国销售者和食用者，正在因为滥用安利而毁掉安利，因为他们根本没有营养概念。

这个问题足以说明中国思维的一个弊端，我们需要科学的营养概念，对于企业来说也是如此。

许多中国人都喜欢说中国思维方式的优点，说中国人如何聪明，善于从大处着眼，很快就把握事物的关系和整体，笑外国人过于执着于细节，拘泥于程序。言外之意，是中国人在思维方式上有很大的优势，外国人应该向我们学习，而我们天生传承了老祖宗在思维方式上的遗传优势，只要充分发挥这种遗传和文化的优势就可以了。

我们应该吃什么药，不应该问自己有什么样的身体，强壮在什么地方，而是应该问自己身体有什么问题，缺什么。就像吃营养品，绝不能有什么吃什么，绝不能只要是营养品就采取"一锅烩"的方式吞服。

同样，企业应该学习什么，要问中国的企业缺少什么。最近十几年，市场上各种各样的管理图书，在每个书店、书摊上都占有很大的位置，也摆在老板们的办公桌上，放在老板们的公文包里，当然有一些在企业里还被老板们指定为管理层和员工的必读书。那么，这些书真的是企业所缺少的吗？我真的想向这些老板们问一句：你是否读错了书，是否向管理层和员工们推荐错了书？例如，多年来市场上出现了大量的传统谋略读物，被老板乃至企业管理层所热读，那么中国的企业真的最缺少传统谋略吗？

尽管我们的社会经历了否定传统文化的五四运动和"文革"，中国文化中的许多历史遗迹被毁坏，中国文化中传统的美德被践踏，许多传统经典已经陌生，但是唯一没有中断而被传承下来的是我们思维的模糊特点和对计谋的习惯性偏好，在计划经济环境下和历次运动中，这些甚至得到了空前的强化。有些东西我们不是缺了而是多了。中国人毕竟是中国人，从根本上、总体上说，我们缺的不是东方的宏大而模糊的哲思，不是"既这样、又那样"的辩证式的智慧，不是三十六计式的计谋，而是西方式的点式思维，是西方式的精确管理。但是许多企业家们并没有真正认识到这一点。

我并不是说中国的企业家们不需要学习中国的传统文化，中国传统文化中许多精华的知识和方法仍然需要学习和继承，但是在现代的市场经济大海之中，一个企业家和你的企业要"游泳"，而且在不断参加游泳的"竞赛"，那么相比之下你更缺少的是那些西方"游泳健将"们拥有的经验和智慧，还是重点要学习你自家世世代代从未游泳却在其他方面总结出来的普遍性的方法和谋略？这个问题的答案不是显而易见的吗？

何况，中国的市场经济历史太短暂，大多数企业更像是游击队，而不是正规军，必须向西方学会如何在未来规范的市场经济战场上打正规战，打现代的精确战争，在信息化和经济全球化的竞争中不断提升自己的层次。要做到这一点，更应该意识到我们最缺的并不是东方模糊的玄思和机诈的计谋，而是西方式的点式思维和与之相应的精确管理。

就像北方人吃惯了粗粮一定要吃些细粮才会营养协调一样，中国人特别缺少西方的点式思维，必须而且亟需恶补。因为市场经济是西方社会的产物，中国人只有补上点式思维的"营养"，才能够真正适应它。就像中国人要学习西方的数学，你就不能不引进阿拉伯数字的1、2、3等等一样，否则你

怎么和人家进行数学竞赛？

近几年企业管理学界众说纷纭，有人大讲特讲"中国式管理"。讲"中国式管理"当然是必要的，因为我们有历史悠久、传承丰富的文化，因为我们的企业家在领导和管理中国人，为什么不能搞一套中国式管理呢？但问题是我们面对的是众多进入市场经济体制不久的企业，这些企业中的从业者尚且缺少在这种条件下基本的适应训练，缺少在这种条件下生存和竞争的思维素质，那么为什么不去学习市场经济条件下管理的已有知识，学习和习惯市场经济条件下工作和管理的基本思维方式？如果连这一点都做不到，怎么会有真正的"中国式管理"？

尽管你已经适应了中餐美食，感到它非常可口，但是为了营养均衡，还是要吃一点西餐。因为西餐尽管简单，但是营养含量却很高，可以直接补充你身体营养的不足。让你的企业管理层和员工暂时跳出中国式思维的云山雾罩的圈子吧，学习一点西方式的精准化的点式思维！

其实中国人不可能完全跳出中国式思维的圈子，因为我们毕竟除了遗传还有长期的文化熏染，这已经成为了一种"似本能"，很难摆脱它。那么既然如此，为什么我们不能多多学习和尽可能习惯一点西方的点式思维呢，因为这对于我们才是最急需的，它会让我们更加适应市场经济，它会让我们更加富有效率和竞争力。

从点看世界

——点的哲学

中国人必须换脑

某公司总裁非常重视学习型组织，让有关部门拿出一套学习方案。这个方案的基本内容如下：

第一、发一个文件《大力开展学习竞赛活动》；

第二、举办一个动员大会，领导作动员讲话，强调学习的重要性；

第三、宣传部门以张贴标语等方式加强宣传鼓动；

第四、各级管理人员进行表态，并带头学习；

第五、举办学习活动，通过组织的方式要求人人参与；

第六、掀起几个学习竞赛高潮；

第七、树立若干学习榜样，要求人人学习；

第八、通过各种方式，包括在社会媒体上，大力宣传；

第九、领导作总结性讲话，总结经验，表彰先进，要求活动持久开展。

这是中国式的"学习型组织"的相当普遍做法。事实上，真正的学习型组织当然不应该是这样的。

把创建学习型组织变成学习运动，这种做法尽管同中国前数十年的政治运动的"训练"有关，许多人非常习惯如此这般的做法。但从更深层次上说，这是中国式思维使然。为什么说是中国式思维使然？因为中国式的思维方式并不找具体的点，例如学习型组织的关键点在什么地方不去找，而是以为只是重视学习就行了。而且，中国式的思维方式不是求真，而是只要相似就行了，很容易把学习型组织变成传统运动中的简单的集体学习。另外，因

为追求表面的相似，也就注重表面的效果，不是按照科学的规范来操作，因此容易大轰大嗡，把学习搞成运动。

点式思维不是这样，对于创建学习型组织首先要找到关键点，例如佛瑞斯特所强调的扁平化、咨询化、开放化，以及彼得·圣吉所强调的自我超越、共同愿景、团队学习、改善心智模式、系统思考，都是西方组织化学习研究所找到的关键点。而且这些关键点中，每一个还有若干个关键点。只有找到这样的关键点，创建学习型组织才会实实在在地按照比较科学的方式进行，对于学习型组织的管理才可能是比较科学的，才不会变成一窝蜂的形式主义、运动主义。学习型组织并不只是重视学习，它是和组织化学习的科学管理密切联系在一起的，《第五项修炼》并不是学习型组织唯一的模式和尺度，但它是把组织学习当作科学对象来研究，提出一套科学的管理模式的一种开创性的尝试。而西方的学习型组织到了中国，在许多企业和机关那里，就把科学化的东西几乎完全抛弃了，变成了一种毫无新意的学习运动。这就是思维方式的模糊性所造成的。

西方的点式思维还有一个重要的特点，就是重视逻辑、规范和程序。创建学习型组织也是这样，首先把创建的规范和程序弄清楚，然后一步一步来操作，每一个环节一丝不苟。这同中国人运动式的做法是完全不同的。一个习惯点式思维的人，怎么可能去搞大轰大嗡的运动？因为他这样做会感到荒唐乃至厌恶。运动是模糊的相似思维的产物。

时至今日，在政治的层面存在运动式做法不说，就是在许多国有企业甚至民营企业之中，运动式的做法还大量地存在，尤其是在涉及企业文化的事情上。中国的许多企业的企业文化可以说是"运动文化"、"表面文化"、"空话大话文化"、"口号文化"和"形式文化"，说到底是没有文化，准确说是伪文化，因为不是真正的文化。这样的伪文化之所以出现，和中国式的思维方式是分不开的。

如果说仅仅中国式思维在传统的自然经济、计划经济时代还可以适应的话，那么在今天的市场经济加信息化、全球化时代里，这已经远远不够了，因为当今时代是一个精确化的时代。可以说在这个时代里，如果没有学会点式思维，我们就不可能会很好地做事情，我们就会做许多无用的事、不着边际的事，甚至荒唐透顶的事。

在这个时代里，我们没有别的选择，出路只有一个，就是换脑。这里所说的换脑不是完全抛掉中国式思维，而是抛掉中国式思维养成的那些不良的思维习惯，学会科学地思维。一个学会科学的点式思维的人，才能称得上是现代人，才可能成为对社会有用的人。

世界是由点组成的

小孩问老者：老爷爷，世界是由什么组成的？为什么运动？

老爷爷反问：孩子，你说呢？

孩子说世界是由基本粒子、质子、原子核、电子、原子、分子、分子团直至星球、星系组成的，世界的事物在相互作用中运动。

老爷爷摇头：孩子，那些说得很浅。世界是阴和阳的相互作用。阴阳的相互作用的背后是道，道在支配世界运动。

孩子：什么是道？

爷爷："道可道，非常道"，但是道无处不在，"惚兮恍兮，其中有象；恍兮惚兮，其中有物"。

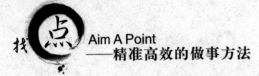

这是一个典型的孩子同有一定文化的中国老人的对话。

本人同大多数中国人一样，对中国文化非常有兴趣，认为中国的一个"道"，远比基本粒子要深刻得多，它至少给无限可能留下了最大的余地，让人们感到冥冥之中还有许多事物没有认识到。因为世界是不可穷尽的，也许可见的物质背后还有着更为神秘的存在。言不尽意，意蕴无限，这是中国文化的特色与优势。

但是，中国文化的这种优势可以用于冥想、静悟等神秘的修炼，却不是放之四海而皆准的，特别是不能过多地用于分析实实在在的物质世界的结构，因为它过于模糊，同现代科学的精神相悖。近代以来日益昌明的科学，是以精确的分析和严格的逻辑为特征的。

那么从科学的角度来看，世界是怎样构成的？世界是由一个一个的点构成的，从基本粒子到星球、星系，在更大的范围来看，都是一个个的点。宇宙就是这样的多层级的点的关系。

光也是由点构成的吗？最初人们以为不是，科学家认为光是一种波，但是后来发现，光既是波也是一种粒子，既是连续的又是不连续的，光具有波粒二相性。

从哲学的角度说，它的粒子状态就是一个点。

只有我们把物质世界具体到一个一个点上，才能清晰地认识它；只有把事物看作由一个一个点构成的，才有可能准确地把握事物。把握事物就是把握一个一个点及其相互关系。

点及其关系就是世界，就是一切。这是一种理念，一种哲学，也是一种认识事物的方法。

一切从点开始

中国改革开放到现在已经超过三十年，这过去的三十多年中充满创业的机会。有许多人仅仅抓住一个机会，就开始了自己的事业，取得了很大的成功，甚至成为了千万、亿万富翁。

但是还有更多的人，面对20世纪80年代做小买卖、当个体户、收藏，20世纪90年代投资股票、买商品房，2000年前后办网络、网上开店等等的热潮，知道这是很好的机会，但是却又感到非常茫然，想去做又不知从何处着手。若干年后别人成功了，自己却依然如故，又去不断地追悔。

为什么有人取得了成功，而更多的人却失去了机会？因为取得成功的人找到了一个点，他们不止看到做小买卖、当个体户、投资股票、买商品房、办网络、网上开店这些机会，还善于从这些机会中找到一个适合自己的点，从这个点切入，改变了自己的生活。

人一切行动都是从一个点开始的，所以叫做"起点"，没有起点就不会有成功。牛顿看到苹果落地发现地球引力，从此开始了他的一系列科学探索，这一发现就是他的起点；毛泽东在发动秋收起义之后，面对敌人的围追堵截，把队伍带上井冈山，这成为毛泽东一生的一个重要的起点；比尔·盖茨辍学办一个小企业，这是他走上成为世界首富道路的起点。

那个起点并不是为他们准备好的，而是他们善于在周围环境变化和事物发展中，发现属于自己的点，善于把这个点作为自己的起点，一步一个脚印地走下去。

无论是科学家、发明家、艺术家、实业家还是军事家、政治家，还是实实在在地做事的普通人，都是善于找到起点的人。他们凭自己的感觉、经验、知识，敏感地发现某个点，认为是有意义、有价值的，同时又是非常适合自己发展的点，由此起步，一步一步地成就了他们的事业。干大事业的人

能够发现战略起点，而会做具体事的人能够找到具体的起点。

找不到自己起点的人就注定不会成功。能够找到自己起点的人，都不是思维和判断含混、模糊的人，都不是总是海阔天空地想，以为自己什么都能做，却没有确定一个起点去扎扎实实地做下去的人。相反他们都对自己寻找的起点非常敏感，非常热衷，一旦发现，他们就紧紧抓住不放，充分发掘它，展开它。

一点一点做事

改革开放三十多年，温州人富起来了，南方一些省份富起来了，但是北方依然贫穷，富人仍然是极少数。

20世纪80年代，中国许多城市都有一些裁缝和修鞋匠、小木匠，他们许多都来自温州。后来温州出了许多百万、千万、亿万富翁、富婆，甚至还有的上百亿，他们大多是当初小裁缝、小鞋匠、小木匠等等出身。这些人富裕的道路就像他们当初的职业，一剪子一剪子、一针一针地做事，扎实地一点一点地做事，每一步找准下一个点，一步一步走下去。这种一点一点做事的点式思维成就了他们。

相反，北方人由于生活的地方地广人稀，就没有养成这样的精细习惯。他们的生活和传统粗放式耕作养成了笼统的模糊思维。我的家乡东北的思维特点就是这样，而且由于先人们都是山东等地没文化的穷人靠一路乞讨来到东北，没有带来当地文化相对精细化的传统，只是形成了一种"穷欢乐"的文化特色。他们把中国传统的相似思维的模糊性发挥到了极致，语言并不以精确为特点，而是以形象化为其神韵。东北幽默的形成就在于其突出的相似思维，他们可以把形似、音似的东西互相串联和替代，从而产生错位的喜剧效果。这种文化并非低劣，如果不是市场经济体制的建立和发展，它的劣势并不会显示出来，相反它还可能会让那种精益求精的"小气"文化相形见绌。因此我完全无意贬低自己的先人和乡亲们，但是我觉得今天的时代里我们需要理性的文化反思。

当市场经济来临之后，思维的笼统和模糊使得北方人并没有像江浙一带习惯精耕细作和读书作画的文化熏陶下形成精细思维的人们那样，抓住市场经济的点滴机会，从一点一滴做起，一步一步走向成功。大多数北方人面对市场只有赚钱的渴望，而眼前只看到市场纷纭复杂，感到眼花缭乱，内心里却感到一片茫然，因为我们头脑中缺少抓住一个一个点、做好一个一个点的意识，所以一浪又一浪的赚钱机会在茫然无措中错过了。

政界也是如此。20世纪70年代末温州的政府靠给"投机倒把"的"八大王"戴光荣花"游街"激活了人们经商的积极性，让市场经济的种子种在了民众之中并生根发芽，所以有后来的茁壮成长、硕果累累。政府靠服务，一点一滴地为当地的民营企业发展助力，因此企业像自然生态一样百花争艳，生机勃勃。但是北方的官员们却不习惯这样一点一点地做事，他们往往根本不把当地的小企业萌芽看在眼里，只是喜欢轰轰烈烈地到外地"招商"，要用"更加优惠"政策引进一些"大项目"或者"超大项目"。殊不知这种项目不用说很难引来，即使能够引来，在当地市场经济整体"生态环境"缺少循环运行的情况下，这样的项目怎么能够真正获得发展呢？因为市场经济是一种"生态"，就像森林里面既有狮子、老虎等大的食肉动物，也有其他动物一样，大的食肉动物要靠食草动物和小动物提供食物来维持生存。企业也是这样，例如在健全的市场环境中，大企业需要人才的时候，只要提高工资待遇，就可以从中小企业中吸引人才；反过来，就像大动物的"残羹剩饭"可以让小动物饱餐一顿一样，一个大企业的上游和下游又可以存活许多小企业。靠一个孤立的大项目建立起来的大企业，在任何地方都是很难独立生存和发展的，这也就是北方政府到处"招商"却成功率极低的原因。为什么不反思一下，去一点一滴地培养当地的小企业呢？

许多事实说明，不管搞企业还是政府发展经济，离开一点一点做事的点式思维就很难成功。那种模糊、笼统的思维都远不能适应市场经济的环境，这也是北方穷的重要原因之一。

任何事都要从一点做起，而且这一点有时可能是很小的，小得会让你完全忽视它的存在和意义。但是如果你真的忽视了它，那么你真的就会一事无成。会做事的人往往有特别强的点式思维，他们能够很敏锐地看到适合自己的点，很敏锐地把它抓住作为自己的起点，绝不放手。这就是成功的人和不成功的人根本区别之所在。

做事情要找到起点，那么找到起点之后怎样才能够走向成功呢？没有别的诀窍，依然是不断地去找到适合自己进一步发展的点，无论有多少事情，都要一点一点地去做。区别只是在于：最初起点可能很小很小，发展下去可能要找到的点逐步变大，但无论最后的点有多大，其实大点都是由许多小点组成的——你仍然不能忽视那些小点。如果一个成功者忽视了这样的小点，那么他离失败就不远了。

成功者的发展道路是从一个点开始，然后不断地找点、再找点。

人要一点一点地做事，但这并不等于没有战略，没有整体的思维。因为众多的点不是各自孤立的，而是互相关联的。你在做一件事情之前，必须把这件事情有多少点弄清楚，把这些点之间的关系弄清楚，弄清楚它们的顺序，这样才能事半功倍。在这一点上笼统、模糊的思维再次显示出它的缺陷，具有这种思维的人不善于理清它们的顺序，更不善于从中找到和抓住关键点，因此做事的效率就比较低，效果也会比较差。

我们一般讲做事情要到位，到什么位？其实所谓的"位"就是一个个具体的点。到位，就是要一步一步地按照顺序达到这样的点。因此换一句话就是说：做事必须到点。反过来，不到点就不会做事。

点和网络的关系

做销售工作的人都熟悉"点"和"网"的关系，因为在他们的语言中有一个词叫做"销售网点"。在他们眼里，点是组成网的要素，而网是由若干个点组成的。其实任何工作都是如此。

从最大的范围来看，世界就是由点及其关系构成的，点组成许许多多立体的网。如果我们能够看到一个个原子运行轨迹的话，那么每一个物体都是由不停运行的原了组成的一个立体的网络，而不是没有缝隙的实体。星球也是这样，它们组成多层级的立体的网络，形成整体的宇宙。社会不是也是一个立体的网络吗？这个网络的点在最低层级的层次是由人组成的，进一步层级是家庭、企业，然后是城镇等等。

因为世界就是事物组成的立体的网络，因此我们必须用网络的观点看世界。也就是说，每一个事物都是一个网络上的点。不要离开整个网络去孤立地去看待它。当我们说事物是一个系统的时候，也就是说它是一个网络。系统和网络在很多情况下说的是一个问题，但有时候使用网络和点这对概念可以更形象地表达事物的关系。

一个系统往往还是由若干模块组成的。模块是一个电子方面的概念，是指一个功能的集合，若干模块构成一个整体。如果把这个概念泛化，借用到分析一般问题上，那么应该是任何事物都是由一定功能的模块构成的，任何模块都是下一级模块构成的，而最基础的模块是由若干点构成的。例如，一项工作也可以分为若干模块，企业的每一个系统可以看作一个模块，一个社会的经济、文化、政治系统也是模块，而它们不断细分下去，到最后就是一个一个点。

但是换一种角度说，任何一个低层级的模块相对于更高层级的模块来说，也就是一个点。因此点和模块是不矛盾的。当我们强调其功能的时候，

称之为模块；当我们强调它们同上一层级关系的时候，强调其具体性的时候，称之为点。

模块也是本书所论及的点式管理的一个重要概念，因为在下文中强调任何工作都要找到点，但是有些工作有若干层次，并不能一下找到具体的点，那么就应该首先分析这项工作有多少个模块，也就是由多少块工作组成，其功能或者说目标都是什么，然后再去找具体的点。这也称之为"模块—点"分析法。

做事情离不开点和网络，管理当然也是如此。管理，其基础是理，不理清各方面关系就无法去管，而所谓理就是要把要管的事物的一个一个的点理清楚，通过这些点来管模块直至管整个网络，同时还要站在整个网络的角度去管每一个模块、每一个点。因此管理的"理"就是理清模块之间、点之间的关系，管就是经管点、模块和网络的关系。许多管理者，不知道要管什么，其实如果你把自己管的工作分为若干个点，特别是列出容易出问题的点，那么你对所管的工作的要求就清楚了。布置工作是做什么？就是把工作分为若干个点，给大家分下去，然后按照这些点进行监控、激励、惩罚，使之达到要求。那么怎样才能够管理好？答案也有一个：管理必须到点。

自从互联网和企业、机关的内部网兴起之后，网络管理随之产生。网络管理的一种重要方法，就是节点管理。那么在信息学中什么是节点呢？节点就是通信拓扑网络中的每一个单体设备连接点，如CPU。也有的认为，节点是一组受管的应用程序服务器，节点一般表示机器或逻辑分区。广而言之，所谓节点就是指运动对象的轨迹的关键点，通过将各个节点连接起来就可以创建出完整的运动路径。可见，在信息学家的眼里，信息网络是由若干大小节点构成的，网络分解开来就是节点，节点的组合就是网络，而管理网络就是要通过管理节点来进行，或者说对网络要进行节点管理。

节点管理揭示了在管理上网络和点的关系。任何一个管理者，必须认清网络和点的关系，不要把网络看作一个模糊的整体，不要笼统地去管理网络，必须把网络看作一个个具体的点组成的。同时，也不要把每一个点看作孤立的，它们都是整个网络上的点，既要解决每一个点上的问题，也要看到它们同其他点以及整个网络的关系。

进行点式思维训练

在昆虫的世界里，苍蝇和蚊子两个家族教育孩子方式大有区别。这是苍蝇家族的对话：

苍蝇妈妈：你看那些蚊子，就知道死叮人，层次太低。哪像我们苍蝇家族眼观六路、耳听八方，善于抓住一切机会。苍蝇家族的哲学就是：成功就在于不断运动。

小苍蝇：但是我们吃得并不好，太不讲卫生！

苍蝇妈妈：你的话是错误的。再不卫生也是吃的东西，吃饱了肚子不饿，我们苍蝇一个个多富态！你看那些蚊子死心眼儿，只知道吸血，瘦得像根针，连腰都要用放大镜才能看得见。

蚊子家族教育内容恰好相反，是这样对话的：

蚊子妈妈：那些苍蝇真是恶心死了，我们蚊子家族多有品位！我们蚊子家族的成功诀窍是什么？是找一个点叮住，然后叮住，你就成功了。

小蚊子：你整天就教我叮住、叮住，看人家小苍蝇多快活！

蚊子妈妈：苍蝇有什么好。就知道乱飞乱撞，每天看似忙得很，却只能吃那些肮脏的东西，生活质量很差，还经常被人用拍子拍死。不要像他们那样不动脑子也没有章法地生活。

小蚊子：那我应该怎么办？

蚊子妈妈：你要进行点式思维训练。我们蚊子家族要求每一个蚊子都具

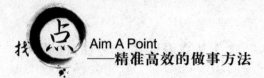

备专业的素质和能力，我们的嘴像一根针，要找到人们的一个一个毛孔，扎进去。所以我们只吃最高档的东西——人们鲜红的血液。那血液可是人们吃进各种营养之后身体里面才生产出来的最高级的营养。这可比人类吃鱼翅、燕窝强多了，有些人说他们是所谓的贵族，其实我们这样的享受才是真正的贵族啊！

学会点式思维，才能够精确地认识事物，才能够学会做事。

点式思维是认识问题以及做事的一种重要能力。点式思维并不是天生的，而是要经过训练，

通过训练掌握点式思维的要领，并且逐步形成思维习惯。对于一个新进入单位工作的人，最好是根据实际工作需要，把工作分解成相应的点，让他们充分熟悉。为了进行充分训练，也可以给出一系列与工作相关的问题，让他们进行分解，并认识每一个点同工作整体的关系。

对一个人进行点式思维训练，应该是多方面的。因为一个人的思维方式，需要从多方面获得，这样才能形成、强化并稳定下来。一个在工作上找不到点的人，在思考问题的时候和讲话的时候也往往找不到点。因此对于从事销售的人，不仅必须训练他掌握销售的关键点，还要让他知道相关产品性能、质量以及生产过程的关键点，让他知道和人沟通的关键点等等；对于一个从事某种产品生产的人，如果让他懂得相关设计的关键点，那么他更能掌握生产的关键点，会把工作做得更好。当然在训练之前，必

须有一个这些方面关键点的清单，按照这样的清单进行培训，而不是仅仅笼统地讲一些方法和原则。

点式思维训练，不一定只是在严格的工作训练中实现，还要让大家养成一种日常的思维习惯，因而可以是多种多样的，也可以是非常有趣味的。例如，可以让大家一起从一个侦察片、破案片及其一个片断中，分析事件的关键点、问题点，对其发展的可能进行预测；也可以共同研究一个案例（包括成功案例或失败案例，例如销售方面的），分析其关键点，并找到其若干点的教训，或者若干点的对策，或者每一个人提出自己认为的关键点，大家进行讨论；还可以大家分别就一个问题发表演讲，然后分析每个人是否找到了这个问题的点，特别是分析每个人是否有自己的特点。从这种训练中，让大家认识点式思维的重要性，同时掌握点式思维的要点，培养点式思维的素质。

大 趋 势

——精准化

精准化打击说明什么

这是中国一位军事爱好者对美军在两次伊战中战法的描述与分析：

1991年1月18日，美军以战斧式巡航导弹（AGM-84F）揭开空战序幕，展开为期38天的"先期作战"，夺取制空权，将伊拉克政军体系"打闷"之后，再将已集结完毕的多国联军，在欺敌作战掩护下，实施长达14天空前规模的敌前"横方向运动"，距离长达300余里，完成一翼包围之战略态势后，于1991年2月24日发起战略攻势，仅以97小时的时间就将伊军主力包围压缩在巴斯拉周边，"聚而歼之"，获得压倒性的胜利。简单地说这是20世纪最后一场以美苏战略思想为主体的"线性部署对抗"的消耗战。

2003年3月20日，美军以"远距、精准、高效"的武器系统发起"斩首行动"，揭开"伊拉克自由作战"、"美伊冲突"的序幕，在先期已掌握作战地区空中优势的状况下，有系统地"打瘫、打聋、打瞎"伊拉克政军体系。旋即在"网状化的联合三军作战"的架构下，以迅雷不及掩耳的速度，以英军向南部大城市巴斯拉展开攻势，策应主力向巴格达的奔袭，此期间，除因沙尘暴使其行动受阻外，全程并未见到传统的"遭遇、攻击、防御、追击与转进"等作战方式与过程，只见英美军队长驱直入，伊军组织溃散，军械委之于地，从"人间蒸发"，不知所之，任由美军占领该国。因此，可以说第二次的海湾战争，则为21世纪第一场的以美军军事事务革命为主体"瘫而歼之"的"非线性"网状化战争。

美军为什么能够如此迅速地赢得战争？一个重要的值得高度注意的

问题，这就是他们所拥有的精准化打击能力，而且是远距离的精准化打击能力。面对一支人数众多的军队，可以直取其要害使之瘫痪甚至直接"斩首"。这场战争是精准化打击式作战的一个开端。

精准化打击是世界军事发展的一个重要趋势。精准化打击是一种作战模式和作战效果，它是由许多方面的精准化，例如武器精准化、战术精准化、指挥精准化、后勤精准化、配合精准化、训练精准化等等构成的，或者说通过这些方面实现的。

也就是说，要实现精准化打击，那么整个军队的各个方面都要精准化。

精准化不止是军事领域的发展趋势，就连农业都在向着这个方向发展。

农业滴灌技术始于以色列，1962年，一位以色列农民偶然发现水管漏水处的庄稼长得格外好，水在一个精确的点上渗入土壤是减少水分蒸发、高效灌溉和控制水、肥、农药最有效的办法。这一发现立即得到了政府的大力支持，随后闻名世界的耐特菲姆滴灌公司于1964年应运而生。

发明滴灌技术以后，以色列农业用水总量三十年来一直稳定在13亿立方米，而农业产出却翻了五番。滴灌技术根本改变了传统耕作方式，以色列大地遍布管道，公路旁蓝白色输水干管连接着无数滴灌系统。滴灌使沙漠城市也照样绿荫浓浓。

今天，滴灌已经成为世界性农业技术，成为缺水地区农业发展的趋势。

军事上的精准化打击和农业的精准化灌溉只是整个人类行为精准化趋势的一个方面。与此同时，还有许多精准化正在进行，如医疗精准化、服务精准化、营销精准化、搜索精准化、广告精准化等等。

一个精准化的时代正在大步走来，在改变人类的思维方式和行为方式乃至生存方式。

系统化需要精准化

一个农村老太太坐在轿车上，盯着车上的GPS看。

轿车每行进一段路程，GPS就提醒一些问题，"前面100米有摄像，要注意遵守交通规则"、"前面100米路口掉头行驶"等等，提示细致、周到、精确。

老太太琢磨了半天，不明白，问司机："给你指路的人在哪？他没坐在咱们车上怎么就能指挥？你专门雇这么一个高人指路，一天得花多少钱呀！"

司机说："这是卫星定位系统在工作，这个系统可准了，每个路口、每个村子都知道，你在哪儿它全知道！"

老太太感叹说："这个人名字这么长，他叫'卫星定位系统'啊，真是个神人！"

这是一个系统化时代，也是一个精确化时代，系统化时代就必定是精确化时代。

在自然经济时代，人们的生产工具和生产活动比较简单，因此对技术和管理的要求也相对简单，对于细致、精准并没有过高要求。

精准化是复杂化背景下产生的要求，复杂化要求系统化，系统化催生复杂化，而越是系统化、复杂化越需要精准化。

我们已经进入一个大系统化的时代。信息在任何时候都是存在的，但今天人类对信息处理的方式发生了变化，因此今天我们所说的信息化其实是信息网络化；人类很早就有科学和技术，但是今天的科学技术的主导是高新科技，因此是科技高新化；人类一直都在生存和进化，但今天我们每一个人每天都在受到全球化的影响，因此是生存全球化。信息网络化、科技高新化、生存全球化是这个世界的三大趋势。

科学技术在改变这个世界，使世界变得更加精致、复杂；网络像是一种看不见的黏合剂，把整个世界链接为一个巨大的多层次的复杂系统。在这个巨大的系统之下，是许许多多层次的小系统，我们每天使用的生产和生活的电子、器械工具，都是一个小的系统。面对这样一个个精致的系统，我们的行为不能不精准化，只有精准化才能充分发挥它们的作用，才能在整个复杂系统中生存，否则就只能被动地被这个多层次、随机变化的系统所折腾甚至折磨。

精准化正在成为我们的必要生存方式，包括工作方式和生活方式。数字化生存、高科技化生存和全球化生存，要求的无一不是精准化生存。不管你是否愿意，这个世界对你的要求就是如此。

精准化不只是细节化、精确化，因为细节化、精确化只是反映"精"的要求，而没有反映"准"。准是指定位非常清楚，到位非常具体。只有精准化，才能表达出现代科技和经济社会发展对人们思想、工作、行为的要求。

精准化是核心竞争力的基础

国酒茅台曾经是中国白酒的第一品牌，但是同它一条山脉之隔的五粮液一直争这个第一，而且五粮液的销量已经是茅台酒的许多倍。2008年茅台酒产量刚刚突破2万吨，而五粮液达到了40多万吨，后者产量稳居白酒第一。

同样是白酒，产量为什么差别这么大？

原因是茅台酿酒的方式比较传统。"重阳下沙、伏天踩曲"，高温制曲，高温堆积发酵，高温接酒，储存三年以上，最后勾兑成酒，从原料进厂到次酒贮存，再加上成品勾兑存放的时间，约五年才能出产品。这样长的生产周期限制了茅台的产量。

五粮液对外也宣传有600多年的历史，酿造上也有其传统工艺特点，如采用"跑窖循环"、"固态续糟"、"双轮底发酵"等发酵技术；采用"分层起糟"、"分层蒸馏"、"按质并坛"等国内酒行业中独特的酿造工艺。但是，五粮液又充分利用高科技手段，形成了以计算机勾兑专家系统和人工尝评相结合的独具特色的"勾兑双绝"。也就是说，五粮液制定一系列精确的标准，然后用计算机来测评酒的质量以及诊断缺少什么元素，用许多种元素来勾兑。这种精确化勾兑方式，不但保证了五粮液好的口感和较高的质量，而且突破了生产方式对产量的限制。

精准化，这就是五粮液夺得白酒销量第一、成为白酒业领跑者的诀窍。

这是一个精准化的时代，不精准就会落伍。

在这个时代里，从每一个人到每一个企业、机关，都应该把精准化视为一种现代工作必不可少的能力。

精准化是一种重要能力。不要把精准化仅仅理解为工作态度上的要求，而应该理解为一种现代社会每一个人、每一个企业、每一个机关乃至每一个国家的基本而重要的能力要求。有精准化能力，才有现代社会的个人、企业、机关的核心竞争力。

在我们社会中经常可以发现这种情况：

一个人似乎很懂技术，或者似乎知识面很宽，侃侃而谈，但是对于一个知识细节甚至关键性的环节，却非常含糊，经不起追问和推敲。

一些学者可能著作等身，但翻阅起他的著作，都是笼而统之地"辩证"地谈问题，没有自己独到的见解；或者即使有见解，也是大话连篇、空洞无物。

一个企业的产品很符合社会需要，但就是外观粗糙一点，质量上容易出一些小毛病，后续服务差一点，结果影响了市场销售，即使销出去也口碑很差。

一个机关对于上级的一项重要要求，上上下下似乎很重视，大讲特讲落实，但是讲过之后并没有制定具体措施，更不要说具体的监督和评价，一段时间后不了了之，最后根本无人过问。

出现这些情况的原因很多，但其中无不有一个至关重要的原因，就是缺少精准化能力。也许在自然经济时代，这些并不是大问题，因为当时面临的是简单的环境，某一点上不精细并不会造成广泛的影响。但是今天不同了，我们是在一个复杂的系统中，而且面对的也是一个个复杂系统，一个点上的含混或者失误，其影响就会以系统的方式扩散，难以控制。许多品牌就是这样衰败和倒闭的，一些机关也是这样导致了工作被动。

当今时代企业都在讲核心竞争力，那么什么是核心竞争力？核心竞争力这个概念，是在我们即将进入20世纪的时候出现的，它和精准化紧紧地联系在一起。离开精准化就不能准确理解核心竞争力。

有许多人以为核心竞争力的背后一定是有像可口可乐那样的秘方，有了这样的秘方别人就无法匹敌。其实大多数优秀企业具有很强的竞争力并不是靠神秘配方，而是因为同样的产品，他们做得比别的企业更精致，更能准确地满足消费者的需求。包括可口可乐，真正的秘密不是它的配方，而是它精准地指向了消费者的口味。如果没有精准化，一个人、一个企业、一个机关直至一个城市、一个国家，哪里会有核心竞争力？

有了精准化并不等于一定有很强的核心竞争力，但精准化一定是核心竞争力的基础和重要方面。

学习如何精准化

原青岛港桥吊队队长许振超，以他的"许振超工作法"成为众人皆知的人物。

工作法之一："无声响操作"，偌大的集装箱放入铁做的船上或车中，居然做到了铁碰铁，不出响声，这是许振超的一门"绝活"，其实他所以创造了这种操作法，是因为它可以最大程度地降低集装箱、船舶的磨损，尤其是降低桥吊吊具的故障率，提高工作效率。实践证明，它是最科学也是最合理的。

工作法之二："一钩准"，这是许振超20世纪70年代初开门机时的创造。集装箱上有4个锁孔，从几十米高的桥吊上看下去，很难分辨，更别说用在空中摆荡的吊具放下去，一次把锁眼都对齐，把集装箱抓牢靠了。但是，许振超和他的队友们就是做到了。许振超炼成"一钩准"的诀窍是，钩头起吊平稳，钢丝绳走"一条线"。

工作法之三："一钩净"，在青岛港开吊车的司机，都知道一个"四稳"的口诀：就是在舱内起钩要稳，旋转时要稳，落钩时要稳和变幅时要稳。但要协调做到这四个方面很不容易。特别是落钩，操作不好就会造成货物撒漏。如何能做到不让货物撒出来？许振超开始练习，练了半年后，做到了吊具一钩下去，一点不撒，他把这种技术起名为"一钩净"。抓粮食时，吊具一抓斗重10吨。要准确地把抓起来的10吨粮食装入长12.5米、宽2.7米的车厢，很不容易。因为吊车的抓斗伸张开有3.4米，比车厢要宽。许振超就反复练习，琢磨抓斗的嘴张多大正合适，终于找出了恰当尺寸。铁路运粮食时，对装车的标准要求很严格，粮食要在车厢内打个尖，高出车厢80厘米，码头工人叫起"龙骨"。打这个"龙骨"很难，坡度要合适，坡面要平滑，盖上蓬布后，才能不存雨水。许振超用他的"一钩净"，把这些问题给解决了。

工作法之四："二次停钩"，这一方法如今已经被桥吊司机们广泛应用。他经过统计发现，桥吊作业中最容易出安全问题的环节就是箱子一起一落的时候。为避免发生类似问题，他要求桥吊队每名司机在吊箱时都要做一次"二次停钩"，就是箱子刚离地和快落地的一刹那，放慢速度，先观察后起落，这样做虽然使每次操作时间多了几秒钟，但杜绝了事故隐患，最终提高了生产效率。

工作法之五："无故障运行"。结合青岛港口的实际，许振超提出了一个核心班轮保班作业"一二三"的工作法，"一"就是"一个目标"：桥吊呈现无故障运行；"二"就是"两个制度"：凡是保班作业，一要技术主管昼夜值班制，二是出现突发故障15分钟排除制度；三是"三个事先"：对桥吊，保班作业前要技术主管事先检修一遍，事先掌握船舶技术资料、作业箱量，事先动员。功夫不负有心人，他们实现了保班作业无故障运行的目标。之后，他们又在全国沿海港口率先实现了"核心班轮保班全部100%"的目标。

因为青岛港大力倡导许振超工作法，鼓励员工创造工作法，并以员工的名字命名，精准化已经成为青岛港人工作的一项基本要求，也是他们的风格。

然而，像青岛港这样清醒地意识到没有精准化就没有现代企业的企业在中国还很少。

对于世界性的精准化趋势，中国人应该有一种特别的危机感，应该意识到精准化的学习和训练是迫在眉睫的需要。因为中国人的思维方式、做事方式，在很多方面都不符合现代社会特别是现代市场的需要。尤其是中国北方人，其思维模糊笼统，行为粗糙，距离这样的要求更为遥远。也许北方人更适合大工业的需要，因为大工业要求不断重复的简单操作和不断重复的整体配合，而不要求太多的创新和精细，但是信息化、全球化和高科技时代的要求却不是这样。中国的市场经济是在新的时代发育起来的，因此北方人相对于精细的南方人特别是江浙人来说，对于市场经济的适应能力相差很多。

中国的企业和企业家们，中国的各级机关及其领导者们，应该清醒地意识到这种危机。如果意识不到，不主动改变思维方式和行为方式，中国的企业和机关就必定会被新时代市场经济的列车远远地抛在后面。

学习如何精准化，也就是学习如何适应和做到精准化，这是转型时期的中国企业和机关的一大任务。一些图书畅销表明，人们已经在很大程度上意识到这一任务的重要性。例如，《细节决定成败》和一系列关于细节的图书持续热销，精细化管理被大力提倡，都说明中国人对于自身思维和行为方式的反思。尽管精细化并不等于精准化，而且也缺少系统的方法支撑，但是这一理念毕竟已经带领人们向精准化迈出了一大步。

要适应世界性的精准化趋势，我们的社会以及企业事业单位就必须有针对性地制定一套学习和培训精准化能力的战略方案，一方面从基础教育入手培养，另一方面对于在职员工采取一系列方式进行训练，特别是让领导层和管理层首先学会和习惯点式思维方式及精准化行为方式。

学习如何精准化的内容

1996年本人陪一个肝病患者到北京的一所知名的中医院看病，挂了一个知名老中医的号。排了很长的队最后终于轮到看病，老中医一边把脉一边说自己给周恩来看过病，如何如何。然后他煞有介事地看了看乙肝五项的化验单，郑重其事地摇摇头说："你看这指标，一个表面抗体，一个C抗体，一个E抗体。这个C抗体也叫核心抗体。核心抗体说明什么？说明他的肝的核心部位得了肝炎，这在肝炎里面是最重的，别人都是肝的表面得了炎症，比他好治得多，这病最重啊！"

这位老中医也许真的给周总理看过病，但是他真的把化验单说错了。因为有这三个指标的人的肝其实已经没有多大问题。按照过去的说法，这种指标说明既往得过肝炎，已经趋于痊愈。按照今天的说法是，其中可能有的人肝炎没有彻底痊愈，还有轻微传染性。不管怎么说，也不是老中医所说的最重的肝炎，比较重的应该是人们所说的"大三阳"，而且要结合肝功能化验来判断。

这个老中医可以不看化验单，只顾去给病人把脉来判断。如果看化验单的话，就应该弄清楚乙肝五项的基本含义，不能南辕北辙，否则，真是害人不浅！

其实，此公把脉的功夫恐怕也是一般，否则怎么会得出如此结论？

我们这个时代的设备是精准的，手段是精准的，如果技能不相应地精准，那么再好的设备和手段都是多余的，甚至它们会成为走向荒唐的一个环节。因此真的应该学习如何做到精准化。

学习如何做到精准化，应该包含这样几个方面：

(1) 提高精准化意识

精准化对于企业来说是一种必要的能力，对于员工来说也是一种不可缺少的能力。而要具备这种能力，首先要具备精准化的意识，意识到精准化是时代发展的大趋势所要求的，是这个时代的一种基本的生存方式，因此应该每时每刻保持这样的意识状态。

(2) 具有精准化的知识

信息化、高科技和全球化时代，社会上的知识一方面大大地多样化，另一方面每一个学科、每一个领域的知识都高度细化，我们的生产、生活以及一切活动，都必须在这种细化的知识的指导下进行，否则知识上的一点谬误就可能导致严重的后果。例如，误认一个重要仪器的操作开关，可能酿成严重的事故，就像在行人扭挤的马路上，驾驶员不能把油门当刹车踩一样。

然而在许多问题上含混模糊和似是而非，大的方面能够说上一两句，认真追问则东拉西扯、答非所问，这仍然是许多中国人知识上的特色，在许多善于侃大山的北方人身上尤其明显。这种知识状态距离现代市场经济的要求非常遥远，也是北方一些地区市场经济不发达、产品质量不过关的原因之一。

(3) 精准化方法

精准化意识和精准化知识，只有实际转变为精准化能力才是有意义的。这首先要把知识和现实的需要结合起来，让知识为一定的具体目标服务；其次是把知识和一定的手段结合起来，让知识支配或转化为具体的工具或方式方法；第三是把知识变为具体的操作程序；第四是在运用知识的过程中，把知识变为具体、系统、清晰的实践经验。总之，知识要通过具体化实践变为技能。

(4) 精准化工作习惯

经过实践和训练，让人们形成精准化的工作方式，并且让这种工作方式成为一种习惯。精准化工作习惯很难自然形成，必须经过长期的系统化训

练，包括指导、研讨、激励和惩罚。

(5) 精准化管理

精准化工作离不开管理。号召式的粗放化管理，已经远远不能适应时代的需要，取而代之的应该是精准化管理。所谓精准化管理就是目标清晰、要求精确、效果到位的管理。

精准化的关键：找点、抓点、到点

这是电视剧《我的兄弟叫顺溜》中的一段情节：

小院内，在众人的中间，架着一块儿黑板，板上画着各种角度的弹道、山坡以及山脊的示意图。文书站在黑板前侃侃而谈，众战士则盘腿坐地，全神贯注地倾听着文书介绍顺溜的射击经验。顺溜也坐在其中，凝神倾听着他与文书总结出来的经验和技巧，在他们身后，甚至连三营长也加入其中，听得津津有味。

"……敌人上山时，瞄他的头。敌人下山时，瞄他的脚。为什么呢？因为上山时，目标朝高处移动，而子弹出膛后，飞向敌人要有一段时间。你瞄的虽然是头，但子弹击中目标时，目标已经向上移动了一尺，因此你正好击中敌人的胸膛。下山时瞄他的脚，这又为什么呢？因为下山时，目标是朝下面冲，其移动速度要比上山快得多。因此，你虽然瞄的是脚，但子弹击中目标时，目标已经朝下移动了几尺，所以你正好击中鬼子胸膛。"

听到文书的介绍，顺溜在旁边不时赞叹道："是啊，一点儿没错……太对了……就这样打！"

队伍后面，三营长也低声惊奇道："妈的，这小子握枪都不会，讲起射击来倒是一套一套的！"

队伍前面，文书继续说着："目标水平移动，也就是鬼子横向移动，从一边跑向另一边时，怎么打呢？听好，在一百米距离下，你瞄敌人运行方向的前一个身位，子弹就会正好击中目标。就好像敌人主动撞到你的子弹上！如果你死瞄敌人本身，等子弹到达位置时，就会跟敌人擦肩而过，你瞄得再准也永远打不着目标。再有，如何判断射击距离呢？一百米左右好判断，大家对这个距离也最熟悉。超过一百米就不好判断了，得凭经验。而且晴天容易误近，阴天容易误远。这话怎么说呢？因为，晴天阳光明亮，景物清晰，一百五十米容易看成一百米。阴天没太阳，景物昏暗，一百米也容易看成一百五十米。同志们，我说这些，都是我从陈二雷射击经验中总结出来的，是我俩的共同贡献！对不对呀二雷？"

文书仿佛钻进了顺溜的心里一般，将所有顺溜想说的话，一股脑儿地拿了出来，当听到文书的询问，顺溜立刻大叫一声："对，太对了！"

文书得意地点了点头，继续说道："我认为，陈二雷一颗子弹，顶你们三四颗。这意味着什么？意味着在战斗中，陈二雷一杆枪顶你们三四杆枪！同志们哪，如果我们大家都掌握了陈二雷的射击经验，都成为陈二雷了，又意味着什么呢？意味着我们一个营顶别人三四个营，意味着我们一个六分区，顶它三四个一分区啊！鬼子何愁不灭……"

这部《我的兄弟叫顺溜》的电视剧中，顺溜在实践中摸索和积累了射击的经验，而文书则把这样的经验总结出来，提炼成为系统的方法。

在精准化的几个方面中，精准化方法是其灵魂。如果没有精准化方法，你讲多少精细、准确、细节，都只是一个笼统、简单的提法，都只能是喊一阵过去的口号。既然讲精细化、精准化，却不能提供具体的方法，那么这种

精细化、精准化就是空洞无物的，本身就不够精细和精准。

精准化方法应该是什么样的方法？这首先要弄清什么是精准化。所谓精准化简要说就是三个方面：目标准、管理精、做事细。在这三个方面中，首要的是目标要准，如果目标不准，那么做事再细，管理再精，都没有意义。但是关键并不是目标准，而是管理精。因为只有管理精，目标才可能定得准，做事才可能细致入微。因此要做到精准化，必须在管理上下功夫。

怎样才能做到目标准、管理精、做事细？这就要在视角和方法上避免笼统含混、大而无当，要具体准确，把注意力放到一个一个点上，而不是面上。所以什么是精准化？精准化就是把注意力放到点上的方法。怎样做到注意力放到点上？这至少需要三个环节：

(1) 找点。你要做的事情的点在哪里？这是做一件事首先要问的。包括目标点、基本点、关键点、问题点、症结点、突破点等等，做不同的事情又需要找到不同的点。

(2) 抓点。找到点为的是抓住点。只有紧紧地抓住这些点，进行研究，找到有针对性的办法，才能解决问题。做事抓不住点，所谓"眉毛胡子一把抓"的人，成功率往往很低。

(3) 到点。找点、抓点，就是为了把事情做到点，也就是达到一个个具体精确的要求点或目标点。

找点、抓点、到点，这是精准化方法的三个关键性环节。但是，这并不是精准化方法的全部。因为要做到精准，就必须具体的点具体找，要区分不同类型的工作去找不同的点。因为任何工作的点总是具体的，不能看得一成不变，如果把找点、抓点、到点简单化，就无法真正实现精准化。

工作就要抓点

——点式工作法

工作精准化要求的大趋势

21世纪是模糊工作方式和笼统管理方式趋向彻底灭亡的世纪，因为它们是同简单的工作、简单的环境相联系的。精准化工作方式和精准化管理兴起的标志是六西格玛、零缺陷管理，精益生产、5S管理、7S管理、全面质量管理等管理模式。

西格玛的定义是根据俄国数学家P. L. Chebyshtv的理论形成的，它是描述偏差程度的数理统计术语。

根据P. L. Chebyshtv的计算，如果有68％的合格率，便是±1西格玛；±2西格玛有95％的合格率，而±3西格玛便达到99.73%的合格率。

不同于西格玛，六西格玛的概念却是1987年由摩托罗拉——全球著名的电子产品生产商首先提出来的。

20世纪70年代，摩托罗拉遭到了来自日本电子产品的严峻挑战。从20世纪70年代到20世纪80年代，摩托罗拉在同日本企业的竞争中失掉了收音机和电视机的大部分市场，后来又失掉了BP机和半导体的市场。1985年，公司濒临倒闭。

在市场竞争中，严酷的生存现实使摩托罗拉不得不正视自己管理上出现的问题，其总裁Bob Galvin决定通过改善产品品质来迎接日本产品的挑战，他要求其产品必须在五年内有十倍的改善。

1989年，Bob Galvin又提出另一个十倍品质改善的要求，并于1991年完成。

自1989年起，摩托罗拉已经取得了一千多倍的品质改善。

六西格玛从此走进了企业管理的世界，并受到了空前的重视。

（《如何管理》第61页，西武编著，机械工业出版社2004年版）

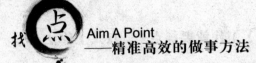

仅举六西格玛为例，可以看出精准化管理是时代的大势所趋，而精准化管理的一个重要目的就是促使人们精准化工作。

在这个时代里，"精准化工作"应该成为一种非常重要的理念。对此有两个问题应该注意：

（1）精准化不是精细化。精准化所强调的不是"细节决定成败"的理念，尽管重视细节本身并没有错，但这是远远不够的。"细节"强调的只是"精"，而精的目的在于"准"，准是精的方向和目的。离开准，精就没有意义。

（2）精准化不只是一种管理的理念，而且还是一种现代社会的工作理念。因此它要求的不只是精准管理，更为重要的是每一个人都精准工作。工作的理念远比管理的理念具有普遍意义。一个企业实现精准化当然是一种进步，但是只有精准化成为每一个员工的日常工作方式，这种管理才是有效的。

工作必须到点

这是2004年《中国财富》记者采访一位研究日本管理的教授的报道：

"日本人对质量的认识，与欧美完全不同。"王明舰教授指出："举个例子，在美国企业，一个同心轴长度在48mm到50mm之间，都属于合格产品。但是在日本企业中，如果标称这个范围之间的产品都属于合格品的话，那么，日本企业生产的产品肯定会主要集中在49mm这个区间。"

日本人对产品质量的严格要求，是精益求精的。据日本神钢集团人力资源株式会社社长增田和朗先生介绍，在日本神钢，质量管理是深入到每一个员工血液中的事情。对于质量的管理，是每一个员工必要的责任。如果一个员工发现任何一个工序上出现了任何一个问题，他都会努力地向相关人员指出，直到问题真正解决为止。

中国人因为历史等原因，许多人对于日本人颇有不屑之处，但是有一点是中国人对日本人都服气的，那就是做事精准到一个一个具体而严格的点上。

我们的管理人员在评价下属工作的时候，常常使用一个词："到位"。他们说某某人工作能够到位，某某人工作不到位。那么什么是"到位"呢？到位的"位"是什么？是目标？是要求？是标准？所谓"位"就是一种"位置"、一个区域，因此，"到位"这种要求和表述，还是相对比较宽泛，不够明确的。

更为精准化的要求是什么？是工作必须到点。也就是说，一种工作是否符合要求，并不是一个"到位"可以说得清楚的，因为对工作的要求也许有几个方面，这些方面都不能笼统地表示，必须具体到一个一个的点上。例如生产一个螺丝钉，它有硬度、尺寸、螺纹、光洁度、耐磨度等许多要求，每一种要求就是一个点，而且每一种要求还可以分解为若干个点。

工作必须到点，不但是指整个工作，还指工作的各个环节和阶段，都应该有明确的点，达到这样的点。

所谓到点，就是精确地达到规定的点。这里所说的到点有三个层次要求：

(1) 点是非常具体的，绝对不是"一定要干好"、"一定要合格"、"高标准、严要求"之类的空话，更不是"差不多"、"过得去"、"原则上要……"等等。

(2) 标准必须尽可能分解化、数字化。工作是否合格的标准不是笼统的"好"和"坏"，不是面上的要求，而是一系列细化的尺度，能够数字化的尽可能数字化。只有这样，才能够做到精准。

(3) 对工作，很多情况下除了要求必须到点，往往还希望越超过标准越好，要过点。但是并不总是这样。有时候既要到点，可能又不需要过点。因为对于一个组织来说，工作是一个系统工程，往往需要相互之间的密切配

合，其中某一个环节的工作必须达到标准，但是远远超过标准也没有必要。例如日本企业对一些机械、电子产品有严格的要求，但是到了产品报废的期限，往往许多部件都不能够再使用了。因为只有这样，才不至于造成资源的浪费。从这一点，我们才能够充分理解工作必须到点的含义。

工作不好的原因：不到点

20世纪80年代，北京一所大学校医院，女护士给一位高龄老教授打针之后，老教授颤颤巍巍地回到家里，觉得臀部疼痛难忍，就又回到校医院。老教授脱掉衣服后，其他护士发现了疼痛的原因：针头还在臀部上。原来是那个护士边打针边和别人说话，只是拔出了针管。

这样的人是属于心不在焉的混日子的那种。但是，更多的人还不属于这种，而是工作态度比较好，但是工作若干年了，却像是一个刚来时间不长的新人，还没有完全进入角色，工作效果比较差。在护士里面，就属于扎静脉经常不见血、一不见血就紧张、而越紧张越找不准血管的那种人。那么这种人工作效果不好的原因在哪里呢？他们的问题往往在于两点。

(1) 找不到点

因为找不到点，他们不知道自己的工作应该做什么。一个人工作若干年之后，还可能不知道自己做什么吗？如果笼统说来，他们当然知道自己的工作是什么，例如我是什么部门的，是做什么工作的。但是每一种工作并不只是一个名称，它有若干具体内容，这些内容有若干标准，做这些工作程序上有若干关键点，而且这些关键点还可以细分下去，找到一系列点。

一个会工作的人，就一定会不断地找到这些点，紧紧抓住这些点，一个一个地加以研究和解决，心中非常有数。但是一个不会工作的人，不管他工作多少年，都可能对这些点不甚了了。有时候似乎意识到了，有时候又没有意识到，或者忘记了。

为什么会有这样的人？这可能有两个方面的原因：其一是一部分人根本就不适应这种工作，思维能力局限不能让他们在这个领域找到点，例如在科研领域不适合研究的人就找不到点，在艺术领域一个缺少艺术细胞的人也会茫然。其二是找不到点的人可能缺乏找点训练。在许多单位那里，管理过于笼统粗放，对于人们进入工作角色没有基本的训练和指导，更没有工作一个阶段后进入工作深层次的训练和指导，因此往往是新人模仿先来的人，许多人都是在习惯性地工作，对自己工作的点并不清楚。

找到点是对一个人工作起码的要求，是做好工作的前提，是工作培训的基本目标。

(2) 做不到点

工作做不好的第二个原因是做不到点。找到点之后，还要做到点，而在人群中能够把某一件事做到点的只是一部分人。

能够把工作做到点是对一个工作人员更高的要求，它要求你对于自己的工作和自己的优缺点都有非常充分而清醒的认识，对于所做工作的条件也要

有充分而清醒的认识。也就是说，对于自己的工作能否达到要求的点，必须心中有数。在许多单位里，经常会遇到一些对自己和自己的工作缺乏清醒判断的人，把自己的缺点当作优点，自我感觉总是良好，实际上却非常勉强地去做事情。举一个例子，例如战国时期的赵括和三国时期的马谡，他们只是一个参谋的素质，却千方百计地去做主将，具体去指挥作战当然不可能找到点，也不可能做到点，因此惨败到搭上身家性命是必然的。

当然把工作做到点，需要有明确的到点意识。在许多人那里，工作只是有一个笼统的目标，没有更为具体的点。一个善于做事的人，无论做任何工作，头脑中都会有若干个清晰明确的点，而且知道这些点时间和空间上的规定，知道如何去达到。我们平时总是说做事要精益求精，其实要做到精益求精，首先就要有到点意识，如果没有到点意识，那么精益求精是不可能的，因为离开一个一个的点，就没有了"精"的方向和尺度，就无处求精。

把工作做到点，还要有良好的工作习惯。许多人希望把工作做好，也知道点在哪里，还有工作激情，也很努力，但是却不能把工作做到点，这种情况很常见。为什么？因为只要关键环节疏忽了，出了差错，就影响到其他方面，工作到点就不可能了。要想不疏忽、不出差错，就必须有精准的工作习惯。这种精准的工作习惯，第一是在每一个具体方面精准，第二是做事程序上的精准，循序渐进，有章有法。工作上的许多问题，都出现在这两个方面。

反思工作才能做好工作

二〇〇一年三四月间，搜狐股票率先跌破一美元，面临摘牌危险。这成为张朝阳人生中的最低点，当时没人再看好搜狐，媒体和个别网站对搜狐和张朝阳的质疑更是层出不穷。

　　困境中，张朝阳又一次陷入深刻的反思。从初期的失败中，他很快发现自己的队伍从董事会到管理层都存在"太洋"的毛病。尽管搞品牌营销有了一些成绩，却又没有过硬的产品。这种痛切地反思，用张朝阳的话说，就是"跳出自己成长的经历，变成一个全才"。此外，他对待华尔街投资者的态度也日臻成熟。在他看来，华尔街以收入衡量一切的做法是不科学的，从市值导出结论，是非常虚妄的，会被历史无情地抛弃。因而他不会再被股价牵着鼻子走，"股价爱怎么涨怎么涨，爱怎么跌怎么跌，无所谓。资本市场的评价经常是错上又错的，毫无价值。"反思让张朝阳度过了搜狐最严重的危机。通过反思，他不断给自己、队伍、管理层到董事会挑毛病。痛定思痛，张朝阳重新捡起对技术和产品的尊重。

　　二OO三年，从生存线上缓过劲来的张朝阳，在董事会巨大的压力之下，把搜狐重新带到"技术驱动、产品导向"、"把用户放在第一位"的轨道上。二OO四年，他毅然组建了"搜狗"研发团体，从而真正开启了搜狐公司转型技术的序幕。(引自《成功商人有密码》，于反、焦龙梅著，经济管理出版社2009年1月出版)

　　成功靠不断反思。

　　如果给你一项并不熟悉的工作，怎样才能很快地而且是准确地进入角色？许多人的办法是看别人怎么做，然后进行模仿；或者请有经验的人指点之后，按照别人的指点去做。但是，别人的示范和指点就真的是较好的途径吗？怎样才知道别人的示范和指点是正确无误的？

　　其实即使对于自己熟悉的工作，你也未必一定会做好。为什么自己熟悉的工作却不能做好？为什么在应该想到的工作的问题上，最后却出现了不应有的疏漏？

　　我们应该学会怎样把握自己的工作。要把握自己的工作就应该真正了解它，那么每一个人真的了解自己的工作吗？这是应该进行反思的，也是必须进行的反思。

——精准高效的做事方法

　　人们往往以为熟悉的东西就一定了解，例如我熟悉某一个人，就以为了解他，但当别人认真地谈论这个人长相的时候，你才发现真的没有注意到这个人的某个方面的特征；或者你以为自己知道这个人的人品和性格，但是这个人的行为可能某一天令你大吃一惊，完全没有想到，因为你只是有对他外在的了解。同样，我们往往以为自己熟悉了工作，但工作却出现了意想不到的问题，才发现了解并不细致全面；还有的时候，非常熟悉的工作却在很常识性问题上出现了失误，这个时候往往把出问题的原因归结为疏忽大意，那么为什么会疏忽大意呢？还是你心中无数，或者心中的"数"不包括这个问题，也就是说，你还是没有清晰全面地知道自己的工作的问题所在。

　　过去我们工作上出现了问题，往往要从自己主观意识上找原因。这个传统来自"文革"时候的"狠斗私字一闪念"，犯了错误就要从思想意识上做检查，找出思想的根源，只要把错误归结为意识，意识归结为思想，思想"上纲上线"为立场，就被认为是做了"深刻检查"，可以过关了。这种做法至今仍然被许多单位包括有的民营企业所沿用，工作出了问题做个检查了事，一些犯有较严重错误的，上级机关也是"责成做深刻检查"。而检查的模式基本是一样的，最后都是归结为缺少某种"意识"、责任心不强等等，检查几乎无一例外地落入了形式主义的陷阱之中。

　　工作出了问题，真正应该反思的不是自己主观意识上存在什么问题，而是应该反思自己对工作的认识是否不够清晰全面，哪些方面存在误差，包括对于自己熟悉的工作也是如此。因为你原来对工作的了解，也许是很笼统的；你所谓熟悉，只是一种习惯性的熟悉，而不是真正理性的认识，正因为这样，才会在熟悉的工作上出问题。笼统的习惯性的认识和理性的系统的认识是大不一样的，把前者当作后者，往往迟早会出现大的问题。

　　通过工作反思，理性地系统地认识自己的工作，这是真正做好每一项工作的必不可少的前提。在任何一个单位里，真正能够把工作做好的人，都是善于进行工作反思的人。而在各个单位里，如果没有明确倡导，大多数人肯定不会自觉地进行工作反思。其实每年年终总结是一个很好的集体以及每一个人进行工作反思的机会，可惜人们早已把这变成了互相恭维以及自我表扬和说套话的表演。

什么是工作反思？工作反思就是工作一段时间之后，通过对这段工作的理性思考，找到工作的点。也就是说，如果工作有成就，那么是什么导致了成功；如果说工作有了失误，那么导致失误的原因点在哪里，它们对进一步工作的启示是什么。因此所谓工作反思，就是找到过去工作的点，从这些点找到对进一步工作的启示。

反思可以使人们对工作更为心中有数，更好地、更加系统地把握工作，变被动工作为主动工作，提高工作的效果。

工作精准化以目标点为开端

本人17岁做了民办教师。因为在我自己读书的时候，语文课上老师对于每一篇课文的讲解，都是先领读，然后教生字、解词，分析段落大意，总结文章的中心思想。到我自己教书了，在老教师的指导下，也是按照这样的程序，按部就班地教学生。直到有一天，我忽然意识到这样一代又一代的教法究竟是为什么呢？为什么每一篇课文都要讲段落大意和中心思想？我问一位年长的教师，那位老师想了一会，笑了笑摇头说："不知道，反正都是这么教的。别人怎么教你就怎么教呗，问这干什么？"

这个回答让我吃惊——居然大家都这样做却不知道为什么。这个回答也让我迷惑：原来让我敬重的那些大人们就是在这样做工作吗？

我又去问自己的学生："老师每一篇课文都讲段落大意和中心思想，你们学到了什么？觉得有用吗？"学生听了很迷惑："肯定有用，要不老师怎么都

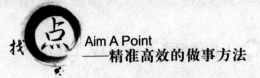

这么教？"我进一步追问："你们觉得到底有什么用？"学生们迷惑地互相对视着，然后都摇头说："不知道。也许没啥用。"

学生的回答让我觉得世界上的事情似乎很奇怪，甚至有些荒唐。

经过思考，我认为对课文讲解段落大意和中心思想这种教学模式本来是有目的的，目的就是让学生全面准确地理解课文，并且学会写文章。但是却没有人告诉老师们，老师们也不去思考这些问题，只是日复一日地重复这种模式。在这种机械的花费大量时间的重复中，学生究竟学到了什么？而且，如果这种教学方式是为了让学生理解课文和学会写文章的话，那么是否有必要每一篇课文都这样讲授呢？是否不同的课文，应该有重点地让学生学到不同的东西？是否有几篇课文让学生知道段落大意和中心思想就够了？

于是，我按照自己的思路，分析让学生学习语文的目的有几个关键点，结合课本，按照这几个点去教学生，发现用同样的时间，学生的理解和写作能力提高很快。

至今许多语文老师们还在按照原有的模式讲课，究竟有多少人对自己的工作进行过认真深入地反思呢？实际上岂止是教师，从事各行各业的人们，每个人在做工作的时候，是在习惯性地去做，还是真的进行过反思呢，是否清清楚楚地知道自己每一项工作的目标？

工作需要反思。进行工作反思就是为了找到工作点，那么要找到哪些工作点呢？对于每一个工作人员来说，必须知道和找到的工作点至少有四个：目标点、基本点、关键点、问题点。

工作必须有目标，必须达到一定目标，这是任何人都知道的事情。但是既然谁都知道目标，为什么有的人工作不能很好地完成？当然，不能很好地完成工作，会有很多原因，诸如能力、外部条件影响等等，除了这些还有非常重要的一点，就是对目标是否非常清楚。在许多人那里，确实知道工作的目标，但这样的目标却是非常模糊的，甚至每天都在做的工作可能只是习惯性地去做，并不清楚具体的目的。

如果想清清楚楚地理解和把握自己工作目标的话，就应该知道目标并不是笼统的，它是由若干个点组成的。上面讲的语文课"段落大意＋中心思想"的教学模式的目标，是由两个基本的点组成的：提高学生的理解能力和提高学生的写作能力。对这两个点，我称之为目标点。

我们每一项工作的目标，都可以看作是由几个目标点组成的。例如你是做销售工作的，那么你工作的目标是销售出产品为企业盈利，但具体分析目标点却不仅仅如此，因为目标点至少包括这样几个方面：销售产品的数量，为企业盈利数额，客户对企业及产品的评价，是否建立良好的客户关系。如果一个企业只是让销售员知道赚钱，而不知道其他几个点，那么这个企业可能会在短期内盈利，但一定不能长久。

把工作目标分解为若干个目标点，这是保证工作精准和有效的一个重要途径。工作精准应该从目标开始，如果一个人对自己工作目标的理解都是模糊笼统的，怎么能够保证把工作做好？近年来细节管理、精细化管理流行，工作细化被人们反复强调，但是如果不把目标精准化为目标点，那么就不会有真正的细节化、精细化。这就像一个导弹，发射的人没有给它精准的目标定位，不知道具体打到哪里，它发射过程如何精细都会失去意义。这也正是本书所倡导的精准化与细节化、精细化的区别。因此对精准化的重视应该从目标精准化开始，精准化首先是目标精准化。

工作精准化以基本点为主线

邓小平20世纪80年代把中国共产党十一届三中全会之后的政策概括为"一个中心、两个基本点"。这种概括非常精确，阐明了政策的基本主线。

邓小平为什么能够成为一个杰出的政治家？因为他具有与众不同的点式思维的能力。认为邓小平具有与众不同的点式思维能力，是否就否定了他的战略思维？绝对不是这样。因为能够抓住基本点，就是战略思维，是点式的战略思维。点式战略思维是相对于那种笼统的、大而无当的所谓"战略思维"来说的。在具有点式思维能力的人那里，战略不是空洞的，是由若干基本点构成的。例如在邓小平那里，中国现代化并不是一个笼统的目标，而是要"分三步走"。这"三步走"就是找到并抓住了三个基本点。

邓小平是点式思维的杰出典范，这使得他的思路清晰而明确，高度精准。这种精准反映在他的讲话上，正像人们所说"邓小平讲话是一句一句的"，很少有长篇大论，但是全部"到点"，不仅没有废话，而且高度"管用"。这说明什么？说明一个政治家更要会点式思维，从讲话到工作都要精准化。相比之下，许多领导干部讲话长篇大论，滔滔不绝，看似非常全面，讲的各种关系也很"辩证"，实际上不得要领，这是因为什么？因为还没有学会科学的思维，胸中无"点"，讲话也就漫无边际。这是做领导干部的大忌。

邓小平的思维对于普通人也同样有启示：邓小平对于全国的问题都能够抓住一个个点，那么我们对于具体工作为什么不能抓住一个一个点呢？应该向邓小平学习点式思维，而且首先要学习他是怎样抓住"基本点"的。

一说点式思维，就会有人认为强调的是只看一个点，不及其余。其实，点式思维并非如此，同样要求大处着眼。

凡事必须着眼全局，而后求精准，每一个人的具体工作也是如此。精准化并不等于要求人眼睛完全盯在非常具体、非常细的问题上，点式工作法和点式管理绝不是让人只知道用显微镜来看问题。

所谓点也是相对的，局部相对于全局来说就是一个点。地球在太阳系中是一个点，太阳系在银河系中是一个点，银河系在宇宙中也是一个点，当然地球在宇宙中更是一个点。什么是点？点就是在全局中可以清晰、明确分解的局部或者局部的局部。

一个人对自己的每一种工作，明确了目标点之后应该熟知什么？应该熟知它的基本点。不要一强调细节，就认为细小的环节都十分重要，或者认为至少因为某些细节重要，就处处小处着眼。对任何工作、任何问题，最主要的还是着眼于它们的基本状态和发展主线。细节并不都是一样重要的，细节在什么情况下是重要的？在影响全局的时候，也就是影响你的这种基本状态和发展主线的时候。因此即使重视细节，也必须要从把握基本状态和发展主线入手。也就是说，要把握工作的基本点。

什么是工作的基本点？所谓基本点就是一种工作可以分解为哪些基本环节。基本点并不是一个新词汇，因为在邓小平的理论中就在使用它，例如上文所提到的"一个中心、两个基本点"，因此是邓小平示范给我们的一种方法。

每一种工作都可以分为一些基本点，你要讲的话、做的事都可以如此分解。例如你是从事销售的，那么完成一次销售工作要有哪些环节，或者如果有几种类型的销售情况，那么每一种要有哪些环节？如果你并不清晰地知道并准确地把握这些，只是凭感觉去推销产品，那么你还不是一个真正成熟的销售员。同样，任何工作都可以分解为若干基本点。如果你不会把工作分为基本点，或者对这些基本点并不能很好地把握，那么你肯定不是一个优秀的、甚至不是一个合格的工作人员。

基本点意味着什么？基本点意味着工作的主线。掌握了基本点，你就掌握了工作的基本方向、基本要求、基本线索，在宏观来讲就是战略。基本点之间的关系意味着基本稳定的程序，工作必须有一种基本的、明确的顺序，因而确定你工作的基本方式。因此它们是不可以轻易变化的，是一个人必须熟悉和掌握的。熟悉和掌握它们，是做好工作的前提。

一个优秀的员工，还要做到不仅熟悉工作的基本点，而且在获得一份

新的工作的时候，也能够迅速解析它们的基本点，并加以掌握。这样才能保证较快地进入角色。学习上也是这样，为什么有一些人学习一门知识那么费劲？因为他们学习的时候总是陷入到具体问题里面，也就是陷入到"细节"里面，没有找到基本点，始终盲人摸象，糊里糊涂。只有掌握了基本点，才能事半功倍。因此，进入细节之前，一定要先找到并掌握基本点，或者说找到并掌握基本点是进入细节的必不可少的前提。

如果你把一种工作划分为若干基本点，用这些基本点链接为一个工作流程，摆在自己面前的就是一份清晰的工作路线图。这样的工作路线图并不一定要全部由管理人员提供，而应该是每一个员工都能够随时自己完成。即使管理层提供了这样的工作路线图，员工也可以根据自己的需要把它细化。事实上，一个人从事一种工作的时候，往往会遇到许多新情况。例如，从事销售，你与客户的互动并不一定按照既定的程式进行。对于一些新情况，就需要当事人不断总结，按照不同情况，把工作分为不同的基本点，以把握其流程。

值得注意的是，在一种工作中，基本点并不只有一个层次。当你把自己的工作分为若干基本点之后，每一个基本点还可以继续划分下去，直到不再需要划分为止。

工作精准化以关键点为枢纽

全世界许多人都知道比利时首都布鲁塞尔的街头有一座全世界著名的小孩撒尿的青铜雕像。这个奇特的雕像，是比利时人民为了纪念一位叫做于廉的民族小英雄而特意设立的。他们把它看作独立精神的象征。据说，一次侵略者来了，遭到比利时人民的英勇抵抗。夜里，敌人在逃走之前，打算把布鲁塞尔全城炸毁。他们埋了很多炸药，点燃了导火索。正巧小于廉出来撒尿，发现地上有一个嘶嘶燃烧的导火索。明白了是怎么回事，他急中生智，乘敌人不备，对准导火索撒了一泡尿，把它浇灭了。

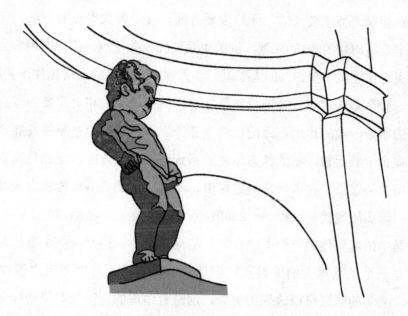

在一个城市的发展史上，这场战役是一个关键点。如果敌人炸毁了这座城市，它的历史就会改写。而在这场战役中，于廉这个小孩的一泡尿又是关键点。因此也可以说，这个小孩的一泡尿保护了这个城市，避免了城市的毁灭。

同样，一个非常熟练的司机出现的一次车祸，可能就是因为他的一个喷嚏，那么这个喷嚏就是这次车祸乃至他职业生涯中的一个关键点；在一个人的发展史上，影响他命运的可能就是某一个人的一句话，这一句话就是一个关键点；在一个腐败严重的社会中，决定一个官员的升迁并不是他的政绩，而可能是在这之外的一次"公关"，这次公关就是关键点。

许多事情都有其关键点。一种工作有若干个基本点，这些基本点在整个工作中并不具有一样的分量：有些属于一般性的点，有些是比较关键性的点，我们可以称之为关键点。

就像在学习上，只有你抓住知识的关键点，才能提纲挈领，真正学得快、学得好。工作也是这样，如果你平均用力、一样下功夫，就会事倍功

半。在实际工作中，有的人每天忙得晕头转向，效率却非常低，就是因为没有抓住关键点。

哲学上抓主要矛盾、矛盾主要方面，就是抓关键点的方法。管理学上有一个众所周知的20/80法则，讲的也是要抓住关键点。例如在销售上，80%的购买力往往集中在20%的人手里，你抓住了这20%的人就抓住了关键点。

什么是关键点？关键点就是你要做的事情中的相对重要的点，它们所起到的不是一般的作用，而是一种"开关"作用。因为在事物发展过程中，总有那么一些因素，它的状态如何关系到整个发展方向，这就是具有"开关"作用的关键点。在事物发展过程中，不同层次的点都可能成为关键点。例如在中国实现现代化过程中，2000年到2020年是一个战略机遇期，这个时期也就是中国现代化的一个关键点。有的问题很小，但是在整个事物发展过程中却是一个关系重大的关键点，俗话说"国王一次坏肚子可以改变战争的结果，战争的结果可以改变历史"，这是有道理的，因为对于指挥一场战争的国王来说，他的身体状况无疑会影响胜负。

对于每一个人的工作来说，都有这样那样的关键点。你尽了许多努力，但是只要在这个关键点上没有把握住，则一切都可能要归零，至少整体的质量受到影响。这很像办报刊的人，采编了很好的文章，最后却确定了一个很不合乎内容也不吸引人的标题，那么这篇文章就不会有多少人看了；又像是厨师做菜，菜已经炒得差不多了，最后在加佐料上出了问题，结果就很不合口。一个高明的办报人或者高明的厨师，往往很善于在新闻标题或炒菜的佐料上做文章，他们的水平就在这里，就在这样的关键点上。

把关键点的工作做好了，整体的效率就大大提高，或者整体的质量就可以提高一个层次，因此关键点往往能起到四两拨千金的效果。例如对于一部汽车来说，发动机改进了，它的性能就可以随之提高；一个外交官的工作效率在很大程度上也许并不取决于他的长篇大论，而可能在于他一句关键的措辞；一个领导忙了一年，最让群众满意、上级赏识的，也是对单位最有益的，也许是你投入精力并不大的一件事。"给我一个支点，我可以撬动地球。"阿基米德这句话说明了关键点的重要，每一个人都可以在关键点上撬动你的工作问题。

反思自己的工作，是否找到了关键点？是否把握住了关键？如果工作若干年，还不知道关键点在哪里，甚至根本没有关键点的意识，只是习惯性地工作，"眉毛胡子一把抓"，那么你的工作最多能打60分。当然获得这60分还有一个前提是，你必须明确地知道自己工作的基本点，如果连基本点都不知道，那么得分将会更低。工作质量要能够打60分以上的话，就必须找到并把握关键点，必须学会画龙点睛。否则你的工作结果就是一条无睛之龙，最多只能算作勉强合格而已。

工作精准化以问题点为抓手

这是一位司机的经历：

刚刚开车的时候，热心的老司机们告诉这告诉那，自己也加倍注意。他们告诉倒车要慢，要非常注意。结果有一天往后倒车，车就是不动，只好去轻踩油门，但是还不动。于是加大油门，车突然呼地一下动起来，撞到了别的车上。

撞车之后非常懊悔。下车一看，是车胎被扎破，所以当时倒不动。过后和别的司机说到此事，司机们都说："倒不动怎么不看看车胎呀？""倒车时候，怎么能轻易踩油门呀，你要下来看看啊！"而且大家都说这样一句话："我们都是这样过来的，新手出问题是正常的。最多两个月就行了。"

听到这些，这位新司机在想：这么多人在新手的时候都出这样那

的问题，为什么没有驾校给一个新手容易出现问题的清单，为什么驾校培训的内容都是对于实际开车没有用处的东西？

我们的社会无论在教育培训还是工作上，都缺少问题意识。这在中国本土制药企业生产的药品和外资独资或合资制药企业生产药品的说明书上就能看到明显的差别：中国的许多药品只是笼统地有几个字："孕妇忌服"或"对本药品有过敏反应者禁用"，而人家的药品几乎都有一个明细的可能出现问题的清单。当然近年来中国有些制药企业也开始有了这样的清单。

其实许多问题都是可以防范和预见的。凡是负责一项工作的人都有这样的体会：每一种工作总是有那么一些环节容易出问题，甚至在出现一个大的问题之前，你事先似乎有某种预感，心想："别在这个环节上出问题啊！"但没有太在意，结果还真的出了问题。

为什么你会有出问题的预感？因为由于长期工作，你模糊地意识到这是一个容易出问题的环节，而且感觉到了出问题的某些因素。但是为什么又没有重视这个问题？因为你在理性上又缺少对问题点及其条件的清晰明确的认识，因此缺少认真的思考和防范。

找出工作上容易出现问题的环节，也就是找出问题点，这是做好工作的一个关键的环节。许多刚刚从事一种工作的人都有这样的经历：对于这项工作，领导和有经验的同事都没有告诉你哪些环节容易出现问题，结果等你出了问题那一天，他们都会说："这很容易出这种问题啊，你怎么不问问呀！"当然还有的是你刚从事这项工作的时候，也有热心人告诉你注意这注意那，结果恰恰没有告诉到的那个环节出了大问题。

一种工作有多少个环节容易出问题呢？

本人前几年在中共中央党校《学习时报》分管工作中有"办会议"一项。办会不容易，开一个全国性的会议，总是容易出现这样那样的问题，例如邀请人、接待、摆桌签、做会刊等等。怎样才能避免问题？后来找到一个办法就是要求负责活动的处室列出会议各个环节容易出问题的清单。本来以为清单上的问题最多20个左右，结果列出来之后才发现，应该注意的环节很多，问题达60个左右。如果给大家分配某一项工作的同时提供一份这样的清单，问题就很容易避免。

其实各种工作都是这样，容易出现问题的环节很多，容易出现的问题种类也很多。只有我们把能够想到的问题都列出来，形成一个清单，时刻想到这个清单上的问题，才可能最大程度地避免问题。

那么，我们的工作有问题清单吗？我的工作有清单吗？每一个领导直至每一个普通工作人员都应该反思。如果连问题清单都没有，怎么做到心中有数？

仅仅有问题清单还不行，还要在诸多问题中，找到哪些问题是关键问题。也就是说，找到问题点还不行，还要找到关键问题点。什么是关键问题点？这就是在一些问题中，有的如果不及时发现和解决，这个问题在关键环节上，或者这个问题一旦出现，就会产生放大效应，影响到全局。

放大效应是关键问题点所具有的特性。因此关键问题点并不一定是十分显眼的问题，不一定是工作基本点这个层面的问题，可能是一个非常具体的小问题，但这个问题可以不断放大，最后影响全局。例如赤壁之战中，蒋干出使东吴并不是一个大的环节，但蒋干却被周瑜用计所骗，导致曹操误杀两位水军优秀将领，致使曹军战斗力大大降低，成为赤壁之战失败的原因之一。一份情报或一句话泄密，或者主要将领被激怒或过于自大做出错误决策，导致一场战役失败，这在世界战史上案例很多。在世界上较大的安全事故中，许多都是由小问题解决不当导致的，一个电焊工作业时产生的火星或者一个烟头可以毁灭一个工厂，这也是在关键问题点上出了问题。

中国的报刊人在政治上很容易犯"错误"，那么怎么才能避免错误？办法不是避免探讨社会问题和理论问题，不是只管歌功颂德，那样的报刊不会有人看，是报刊的一种慢性自杀行为。那么怎样才能避免问题？办法是找到

容易出现问题的关键词，例如"三权分立"、"专制"等，在出现这样的词汇的时候要高度注意。

实际上中国改革开放三十多年，意识形态的管制已经宽容许多，各种社会问题几乎都可以探讨，只是在一些具有明显的否定现实制度的政治导向的词汇上存在禁忌，主要注意这些问题就行了。

许多办报刊的人头脑里没有这些容易出现问题的关键词清单，办报刊只是一味地歌功颂德，从标题到内容都大量使用套话，一遇到"大形势"就盲目跟风过度宣传，是报刊令人厌恶、失去市场的一个重大原因。中国的意识形态管理机构并没有要求一定要这样办报刊，报刊办不好很大程度上都是自身的原因。

头脑要有问题，问题要有清单，清单要有关键点，这应该是避免出现严重事故的基本要求。领导工作的一项内容，就是引导员工做到这些。

近年来"细节决定成败"成为一个流行语，那么是每一个细节都决定成败吗？并不能这样说，应该说关键性的细节决定成败。关键性的细节应该给予200％的注意。

注意这些问题点，找到这些问题点，特别是找到关键问题点，并且列出清单，这是十分重要的工作，是做好一项工作的一个十分重要的环节。没有清单的工作是盲目、糊涂的工作。

列出问题清单是必要的，但这并不是这方面的全部工作。因为仅仅找到问题点还不行，关键是对问题点要有防备。特别是对重大问题，还一定要事先有预案，防患于未然。

经营就要找对点

——点式经营法

仅仅有 "221" 还不行

商场上总是有白手起家，成功创造奇迹的人，他们让许多人崇拜，创业的故事也被人们广为传颂。怎样看待这些成功的人？

大凡成功的皇帝出生都有异兆，其他大人物出生即使不是 "红光满堂"，也往往是哭声比一般人响亮，幼年不是绝顶聪明也是绝对调皮，总之是与众不同的。他们稍微懂事，则都胸怀大志，"仰天长啸，壮怀激烈"。尔后，不是历尽艰难，大难不死，就是神机妙算、出神入化，最后创造了令人仰慕的奇迹。总之，处处与众不同，神人也。

这是小说或传记的描述，自古以来都是那些文人描写成功人士的惯用手法。这手法源于文人贪图赏赐或者希图通过图书发行量大赚到名声和稿费。古今中外，喜欢夸张和渲染的文人们给出的成功模式几乎是一样的：成功的人生来就与众不同，天生就是一个奇迹的创造者。

刚刚改革开放的时候，最先下海的往往是没有正式工作的 "闲杂人员"。他们的下海常常是迫不得已，那时绝对没有想到自己将会如何 "神"。但是，若干年后成为千万、亿万富翁的时候，就想到要给自己的当年 "平反昭雪" 了，于是花大把的银子请一些需要赚钱的文人撰写自己的故事。文人为了对得起不菲的 "稿费"，让富翁满意，也为了出书后的销量，就挖空心思，鼓捣出一部神而又神的人间 "传奇"。这种模式当然也就是自古以来传承的那种描写成功者的模式。

这种模式糊弄了世世代代许许多多的人，甚至也糊弄了当事人自己。那些在企业中让每一个人学习自己的发迹史，甚至让每个人捧读自己 "语录"

的企业家们，不是也晕晕乎乎地相信了自己大大与众不同吗？成功之后高高在上地俯视芸芸众生，就像寺庙里的神像看跪倒在脚下烧香的男女，怎么不会产生由衷的自信感、自豪感和优越感呢？这些成功的企业家自己首先认同了或者说更愿意认同文人给出的这种描写成功的模式。

然而我们还是可以作一些假设：如果不是你成功之后让人写历史，例如在若干年前或者过几年你失败了，这些文人又会怎么写？在权力和金钱面前，某些文人的笔往往最没有"贞操"，他们可以把你捧到天上，也可以把你踩到地下。把那些通过卖文而求权、钱、名的文人看透，你就会发现其实他们笔下写的

每个人原本都是相差无几，是神是鬼都不过是他们笔下合乎逻辑的包装乃至编造。但那些文人编造的成功的谎言，却几乎欺骗了所有人。

文人编造的往往是成功的谎言，但是成功的人就没有与众不同的特质了吗？当然不能否定这一点，不然他们怎么会成功呢？只不过这种成功绝不是高不可攀的神迹，绝不是因为他们有神一般的素质。那么成功的人真正的特质究竟有哪些？我们经过分析古今中外一系列成功的案例，发现成功人士最优秀的、对成功起决定作用的特质有三个："二百五"、"二皮脸"、"一根筋"。

(1)"二百五"

所谓二百五,就是这样一种特质:当别人遇到某个棘手的问题一定会反复思考,认为有很大风险而犹豫不决的时候,成功的人认为只要有机遇就好,不再细想,不去考虑可能的失败,便马上去做了。这在一般人眼里被看作"二百五"。

(2)"二皮脸"

在社会上做一件事总是会有人议论,说三道四。许多人在做一件事情之前,首先考虑到的就是别人如何看、如何说,特别是可能面临的失败。但是成功的人不是这样,因为已经司空见惯,已经不怕别人说三道四,所以能做出自己独立的选择。这在别人那里被看作是"二皮脸"。

(3)"一根筋"

在做事的过程中,总要经历艰难和风险,在遇到这种问题时,许多人退缩了,改变了主意,去选择风险更小的事情去做,这种人很精明。但成功者却能凭一股子倔强劲儿坚持下来,直到见到成功或者彻底失败的结果。这在人们看来,叫做"一根筋"或者"一条道跑到黑"。

遍观中国民营企业成功的企业家,哪位不具备这样的三条特质?面对中国市场经济发展过程中的机会和问题,特别是诸多阻碍和困惑,如果一个人没有"二百五"、"二皮脸"、"一根筋"的特质,能够最后成功吗?再看看我们社会中有多少具有聪明智慧而且素质很高的人却远离了成功,他们之所以没有成功,不正是因为缺少这些特质吗?

历史上白手起家的成功者,如刘邦、朱元璋等,哪个不是这样?比尔·盖茨辍学经商,IBM创始人托马斯·约翰·沃森从推销员起家,不是也具备这样的素质吗?如果他们在这三条素质中缺少任何一条,都很难取得成功。我们与其说刘邦是一个斩白蛇而造反的具有皇帝命的奇人,不如说刘邦是一个到吕公宴会上蹭酒喝却大言不惭的"流氓"更客观,但正是这样的素质让刘邦成了

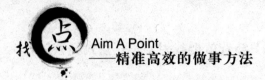

皇帝，而精明的文人、骁悍的武将只能供他驱使。如果他是一个谨小慎微的文人，或者是一个颇要脸面的侠士，那么在那群雄并起的乱世，就绝对没有可能一屁股坐到龙椅上。

"二百五""二皮脸"加上"一根筋"，我们称之为"221法则"。

"221法则"告诉人们什么？它告诉成功者：你自己不是一个神，你的历史也不要让文人们描绘为神迹，而你实际上只是一个在普通人看来不太正常的人而已，尽管这不能说不是你很大的优点；你的历史只是在普通人看来不太正常的做事方式的轨迹而已，尽管最后你已经获得了辉煌。它还告诉每一个没有成功的人，你没有成功不是因为你生来就是凡夫俗子，而是你缺少原本是你看不起的某些"低级"或"神经质"的特质。

历史总是喜欢把颠倒的东西颠倒过来。你原本看着有些毛病的人，最后他们成功了却要你仰头而视，你原本把它看作是一个人低级缺点乃至病态的东西，最后却造就了这个人的成功，而你却以为这是神或命运造就的奇迹。就像割掉自己耳朵的凡·高在精神不太正常情况下的创作，却成为今天价格最高的油画收藏品一样。从某种意义上说，正常人只是在不断地重复历史，而不正常的人却在创造历史。

"221法则"是成功的法则，但也是失败甚至惨败的法则。因为具有221特质的人有许多，成功的只是其中幸运的一部分。并不是"二百五"的人都成功了，相反"二百五"的人比一般人失败的概率要大得多，因为普通人不敢冒风险就很少有失败的机会；"二皮脸"的人并不是都最后挣来了巨大的面子，相反绝大多数这样的人仍然在重复地做没有面子的事情，人们也认为他们只能如此；"一根筋""一条道跑到黑"的人也是这样，大多数这样跑的人最后撞到的只是南墙，只有少数人跑过黑夜见到了光明。这就像从高楼跳下的人有许多，最后完好无损的人只是极少数而已。

为什么"221法则"并不能给所有的人带来成功？这是因为"221"只是成功者的特别素质，而不是其全部素质。那么一个人要最后成功，除了

"221"之外还需要什么？还应该不断进行学习，在成功中学习，在失败中学习，向别人学习，向历史学习，才能最后取得成功。因此完整的成功公式应该是：

成功＝"221法则"＋升级。

只有具备"221"特质的人才勇于实践、坚持实践，只有不断升级自己的能力的人才能适应社会，也只有将两者紧密地结合在一起的人，才能够把握未来。

尽管"221"不是成功的绝对法则，但毕竟成功的人往往出自具有"221"特质的人群，就像麻子脸总是出在患天花的人群里一样，就像历史上的大英雄总是出在敢于杀人放火的人群里一样。从这种角度上说，尽管"221"法则导致了无数人落败和沉沦，但它也让其中一部分人得到了超越和升华。它导演和演绎了无数历史的悲喜剧，在让人类多了许多淋漓的眼泪的同时，也增添了某些放怀的笑声，当然还必定会伴有许多哭笑不得的尴尬。

没有"221"，人类社会就"没有戏"，企业发展也就"没有戏"。为了这戏剧性，我们要赞美"221"，呼喊："221"万岁！

这是本人撰写的一篇文章。在这篇文章中讲到了白手起家成功人士的基本素质，也就是"221＋升级"。后来发现，这种概括还是不够的，因为许多成功的人走出第一步还在于他们对某种具体的经营项目能够赚钱感觉得非常准，也就是他们对经营点高度敏感。

普通人头脑中没有明确的经营点。当人家预感到一个具体的项目可以赚钱而去行动的时候，更多的人可能在旁边不以为然地摇头甚至抱着看笑话的心态旁观；有的人朦胧地感到某一个行业可以赚钱的时候，却判断不准究竟具体做什么能够真的赚钱，不敢为此而承担风险，因而始终不敢行动。经营对于许多人来说，是陌生、虚泛的，他们可以不着边际地侃侃而谈，可以对别人指手画脚，但是自己却不能找到一个具体的点，真正付诸行动。

经营者要换位思考

本人见过两个自以为是的经营者:

一个是半拉子文人出身,此人一贯"胸怀大志",因此对于那些经商的"俗人"非常不以为然,认为他们层次很低,羞与为伍。从刚刚下海开始,还没有学会"游泳",他就热衷于谈自己的一套经营哲学,考虑撰写一本经营管理哲学的著作。但是对于企业具体经营什么,他不屑于去谈,认为这只不过是暂时的低层次的营生,是他达到很高层次的一种无奈的手段。结果是什么?这个人若干年之后,在几种行业的经营上全都碰壁,最后只能去做自己原来根本看不起的营生:屈尊去给别人打点一个小店。

另一个当过某小国企的老总,也颇有雄心,特点是非常重视政治权谋,喜欢研究中国历史上皇帝的统治术。他认为一个成功的统治者,一定要让人们服从自己,而服从的前提是统治者要把自己神秘化,不要混同于普通老百姓。因此平时总是西装革履,非常注意形象,很矜持,不轻易和下属沟通,在客人或下属面前喜欢谈论一些"高深"的理论特别是哲学的问题,以显示自己与众不同的水平。此人20世纪80年代就已经下海,办了一个小企业,搞了一个很有前途的高科技项目,但是产品质量和销售总是出现问题。二十多年过去,许多企业发展壮大了,而他的企业的规模还不如原来,一直艰难度日,几度濒临倒闭。

一个人经营企业不成功会有许多原因,但是这两位的不成功却和他们自我封闭、自以为是有很大的关系。因为他们总是以为自己层次很高、与众不同,因此根本不屑于或者不会换位思考。

为什么许多所谓"高层次"的人下海经商往往不成,而那些原本不被人们看得起的人经商,反倒一步步发家致富,逐渐走向了成功,有的甚至成为了大企业家？这是因为那些处于社会底层的人，习惯于看别人的需要甚至看别人的脸色行事，因此善于了解别人的意图，做事能够从别人的需要出发。在市场经济条件下，只有会这样换位思考的人，才能为别人提供满意的产品和服务，才能赢得客户，最终走向成功。

真正善于经营的人在人格上都有共同的特点，这就是他们很少有像某些酸文假醋的小文人那样自以为是的。在文人圈子里你会发现，有许多人只有少半瓶子醋却整天以为自己家有一个醋业的托拉斯，天下只有自己的学问是无与伦比的。这样的文人让他们去经营企业肯定不行，就连讲课都很难满足听者的口味，只能孤芳自赏而已——究竟是"芳"还是"草"还是一个问题。

这种人在今天的文化圈子里比比皆是，这是因为文化研究很大程度上可以是一种个体行为。自我中心、自以为是、自我欣赏、惟我独尊，以为自己很伟大很了不起，实际上非常小里小气。这种小文人的人格是自然经济条件下文人的典型特点。市场经济是一种开放的经济形式，它需要视野开阔、善于多角度思考的人。

市场经济社会中的文人是不能具有小人格的，商人更不能具有小人格。一个自以为是、惟我独尊的人，不睁开眼睛看社会的需求，就绝对不可能经营好企业。

换位思考是市场经济对思维方式的起码要求。特别是一个经营者，如果不能站在消费者的角度思考，就不能把企业经营好。在企业内部也是这样，管理者如果不能站在被管理者的角度思考问题，也不能把企业管理好。

市场经济条件下，一个人要想成功就必须具备一种开放的人格，而不是封闭的人格。封闭人格的特点是孤傲自大，有的在内心里却又深深自卑，孤傲往往是因为过于自卑和敏感而产生的一种心理防卫机制所导致的。具有开放人格的人能够尊重他人，平等待人；而具有封闭人格的人只是从自己的角度思考问题。具有开放的人格的人让人能够多种角度看问题，因而当然也就

能够换位思考；具有封闭人格的人不愿和别人交流，或者有交流心理障碍。具有封闭人格的人不能按照环境变化主动、及时、充分地进行自我调整，而具有开放型人格的人对环境变化能够迅速适应，并且创造性地开展工作。

有一个单位的领导，因为少年时代家庭重视家教，记性也比较好，背下来许多启蒙的读物和名人格言、警句以及"文革"时代的语录、歌词。每当单位开会或有活动，此公无论讲什么话，都会千方百计地绕到他所熟记的那些东西上，给大家大段大段地背诵。每当此时，人群里当然也会有迎合的廉价赞叹声，但是更多的是窃笑和面面相觑。

这种人一旦当领导，特别喜欢的一件事就是开会，而且往往会把会议变成纯粹个人的舞台，因为他们需要话语霸权来保证自己独家表演。他们喜欢重复自己的套话，原因很简单——认为自己的话非常重要，所以不断重复是必要的。

封闭人格的人往往有一定才能，因为自我封闭可以导致他们对一些问题反复琢磨，从而在一个专而窄的领域具有一些特长，但是他们不能贯通不同的知识从而具有博大的知识背景，而且他们所具有的某一方面的专门才能还会导致他们进一步的封闭。因为他们本来同外界联系少、沟通少，缺乏自信，而有了一定才能垫底之后又很容易以为了不起，自以为是，喜欢卖弄自己的专长。古人有一段刻画这种人的话："天下文章数三江，三江文章数蔽乡。蔽乡文章数我弟，我给我弟改文章。"也就是说，天下文章我弟弟写得最好，但我的水平比我弟弟还强。这就是一幅典型的小文人画像。其实不光是文人，各种行业都有这样的人。他们也许爬上了很高的位子，但是他们的人格依然很小，而且越是自负、炫耀和排斥别人，就越显得缺乏开放的精神，与现代社会格格不入。

"那些人纯粹是胡说八道！""他们的观点简直低于最起码的水准！""那些人很猖狂，他们的目的就是把这个单位（这个社会）搞垮！我们一定要站稳立场！"具有封闭人格的人总是有很强的敌对观念，习惯用划分两个阵营（例如"左"和"右"）的"两分法"来区分人群，认为自己是绝对正确的，而具有不同看法的人是绝对错误的。自己是在拯救一个单位甚至整个地球，而别人则是在毁灭它们。这种人如果只是一个普通人，他们会以孤僻和格格不入来与人相处；但是他们一旦成为一个单位的领导，就会把斗争当作一种基本的工作方式，绝不允许不同意见存在。

从发展趋势来看，在真正的市场经济社会中，很少有封闭人格的生存条件，尽管这种人自以为是、自命不凡，但是在市场经济条件下注定要成为失败者。因为他们只是适合在自然经济条件下，做一个自我欣赏的农民或小秀才，在机关里可以当一个既有霸气又喜欢卖弄的领导，而绝对不适合在市场经济条件下做一个成功的个体户，更不用说企业家。值得提醒的是，许多企业在寻找经理人的时候，包括许多机关单位在选拔领导干部的时候，往往只是注意到一个人是否有所谓的水平——往往这种水平只是指知识，例如专业知识、理论知识、管理知识，在竞聘的时候看他是否说得头头是道，而恰恰忽视了一个人是否具备市场经济所要求的基本人格。实际上恰恰是这种人格在支配一个人知识的使用方向。一个人格封闭的人，在市场经济条件下如果大权在握，去管理一个国家，会违背市场规律、一意孤行而阻碍社会发展，甚至给社会带来灾难；这种人管理一个单位，会不顾社会发展的需要和单位发展的大势所趋，做出许多与时代不合拍的事情，把单位带入死胡同；这种人如果经营企业，会让一个企业的产品和服务越来越不受社会欢迎，让企业的员工无所适从，而导致一个企业陷入危机甚至倒闭。因此，一定要警惕这种人，千万不要把这种人当作所谓"人才"！

看到需求点而不只是需求

20世纪90年代中期，北京的餐饮市场上群雄竞逐，各种口味饮食"你方唱罢我登场。"四川口味、潮州口味、东北口味、山东口味、傣家风味等等，人们都在议论明年会流行什么口味。此时一个只有中等文化水平的人判断出，人们除了还会继续吃各种大餐之外，在"吃腻了"的情况下会出现一个普遍的新的具体的需求——喝粥。而且这个时代喝粥的需求和穷的时候有很多不同，例如环境要清雅，粥要有多种类可以选择，要搭配精致的家常菜等。这个人抓住这一点，在北京率先办起了粥店，店的招牌上写上几个大字："粥茶汤饭"。

于是，"喝粥去"成了北京人吃饭的一个流行语。办粥店成了餐饮的一个潮流，而此人的连锁粥店遍布北京，并且发展到其他省市。到了2007年，这家餐饮连锁公司整体卖给了一家海外公司，卖价4.7亿。这个成功办粥店的人是高春雨。

高春雨的成功靠什么？靠找到了人们饮食的准确的需求点。那些只是知道人们需要吃饭，并且从已有的菜系里找餐饮方向的人，并没有找到真正的需求点，他们只是知道人们有需求。高春雨准确地判断出人们要喝粥，把握住了一个基本而明确的需求点；而且他还判断出人们需要在什么环境下怎样喝粥，把握住了一系列具体的需求点。能够这样准确地把握住人们的需求点的人，怎么不会在经营上走向成功呢？

一个能够进行换位思考并且能够了解、理解别人需求的人，只是有可能做好一个经营者。而真正要做好一个经营者，不但要做到这一点，而且要做得非常到位。也就是说，你不但要了解、理解别人的需求，而且还要精确化，要把握他们的需求点。

需求和需求点有什么不同？

举一个通俗的例子：你了解某人肚子饿了要吃饭，这就是你知道了他的需求。而另外一个人不但了解这个人肚子饿了要吃饭，而且还通过掌握的信息判断出，这个人最有可能想吃羊肉泡馍，那么这个人就是了解并掌握了他的需求点。需求是在一般意义上的，而需求点是非常具体、精确的。

一个善于经营的人和普通人的区别就在于他不但了解别人的需求，还准确地判断出了市场需求点。

有许多人看不起改革开放初期迅速起家的那些人，认为他们没有文化。的确，他们的文化水平可能不高，甚至社会地位最初也很低，但是也正是因为这样，他们在生活中学会了察言观色，看别人脸色行事，因此他们能够站到别人的角度看问题，准确地判断社会某个群体的需求点，这是他们走向成功的最重要的因素。而相反那些有文化、有地位的人，自己就是中心，不需要太多考虑别人的需求和感受，因此习惯按着自己的方式去思维，从自己出发去判断别人，他们连市场经济所要求的基本思维方式——换位思考都不具备，更不用说准确地判断和把握市场需求点，这样的人不可能在市场经济中走向成功。如果他们走向成功，也只可能是靠权力和背景的影响力所达到的。因此我们可以断定，许多在文化界拥有各种头衔的人，在官场上身居显位的人，包括在单纯的垄断性国企担任要职的人，如果真正走上市场，不用说经营成功，也许吃饭都会成问题。

成功的企业家没有不是精于发现和把握社会需求点的。

杭州市下岗女工、单亲妈妈范雪敏就是一个善于发现和把握需求点的人。下岗之后，她经历了一段艰难岁月，后来在市场上看到一种去痘产品，敏锐地感到这种产品一定会有销路，于是走上了推销的道路。后来在销售的过程中，她发现青少年需要专业美容师帮助去痘，而且他们愿意在这上面花钱，于是她自己就投资开起了"痘吧"，结果短短两年，在杭州开起了十多

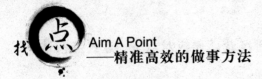
家"痘吧"连锁店，成为了浙江知名的企业家。

范雪敏是从哪里走向成功的？是从发现和把握市场需求点开始的，她发现了一个市场上很热的需求点，而且进一步找到了具体的满足这个需求点的方式，并且紧紧地把握住了。古今中外的经营成功无不是如此开始的。

战国时期的吕不韦原本是一个商人，但是当他发现了两个重要的需求点之后，就走上了把政治当作商业来经营的道路，创造了一个商人"经营政治"的奇迹。

吕不韦发现了哪两个需求点？一个是他发现了秦国太子的正室华阳夫人没有儿子，需要过继一个儿子，以便老有所靠；另一个是他发现秦国太子的姬妾所生的儿子异人在赵国做人质，也是孤苦无靠，待遇不佳，前途堪忧，渴望返回秦国，改变命运。他想到把两个需求点结合到一起，就可以实现双方的互相满足。于是立即和异人建立关系，投资改善他的生活，又以异人名义送奇珍异宝给华阳夫人，促使华阳夫人请求太子把异人过继给自己，让太子立为嫡子。异人于是在太子继承王位之后，顺利地成为了新的太子。

后来，吕不韦娶了邯郸一位极其美貌的女子做妾，并且怀了孕。异人到吕不韦那里喝酒，吕不韦发现异人对这个女子非常着迷。发现了这个需求点之后，吕不韦索性就把这个怀孕女子送给了异人。结果异人做了秦国国王之后，吕不韦的亲生儿子就当上了太子，这就是后来的秦始皇。

尽管吕不韦的做法实在极端商人气，甚至有悖人伦常理，但是他作为一个把政治当作商业来经营的商人是非常成功的。那么他的成功是从哪里开始的？是从发现和把握"市场"的需求点开始的，而且他还把不同的需求点结合起来，系统地加以整合和经营。

在善于经营的企业家眼里，想的并不仅仅是赚钱，而是通过满足人们的什么需求去赚钱；而且看到的不是人们一般的需求，而是十分具体明确的需求点。就像是一个神枪手，他眼里看到的并不仅仅是一群敌人，也不只是某一个敌人，而是这一群敌人的首脑身上的某一个要害之处，一枪就能够射中。这就是一个普通射手和神枪手的区别。没有看到并且盯住一个点的这种眼光，永远不可能成为神枪手；同样，没有看到并且盯住一个或几个需求点的人，永远也不可能成为成功的企业家。

寻找盈利点、超利点而不只是追求盈利

杰克·韦尔奇被称为世界第一CEO，他执掌通用电器的时候，十年中通用电器的股票市值翻了38倍，这在西方国家股票市场上无疑是一个奇迹。

是否杰克·韦尔奇一开始接手的就是一个效益非常好的企业？并非如此。他接手的虽然是一个知名企业集团，但是在旗下100多家的企业中，有许多效益并不好，在所在的行业中排不上名次。面对这种情况，韦尔奇提出并严格实施了他的"数一数二"原则，也就是哪家在本行业中排名数一数二就予以保留，排名不能数一数二的就关门或者卖掉。最后，留下来的都是盈利最好的企业。

效益好的企业、特别是在同行业中数一数二的企业，都有自己的赢利点和超利点。

对于一个企业来说，不要看哪个行当能赚钱，也不要看哪种项目能赚钱，而要看一个项目具体怎样运作可以赚钱。这种运作要达到的目标状态就是你的盈利点。

什么是盈利点？盈利点是可以让你的客户动心掏钱的点，是你的收入高于成本的点。

过去，人们往往认为某种产品只要"好"，或者"最好"，人们就会去买。这其实是一种笼统的概念。如果一个企业持有这种概念，那么你的产品一定不会有核心竞争力，你的企业一定不会持久的兴旺。

作为经营者，如果有消费者说你的产品"好"，那么你一定要追问并弄清好在哪里。没有任何一种产品是所有消费者都认为好的，只是一定数量的人群认为好，而且不同的人群认为好的地方并不一样。

对于一个特定的人群来说，你的产品吸引他们的可能是一个点，也可能是几个点。在这样的点上，人们才愿意掏出自己的钱。例如一个人要买手机，他可能就是需要有一个储量大的通讯簿。如果社会上有这种需要的人是一个不可忽视的群体，例如老板阶层，那么大储量通讯簿就可能是你的一个盈利点。这个点之所以叫做盈利点，是因为它可以吸引顾客，并拉高价格。也就是说，你生产这种手机可能在其他部件上都是持平或微利的，甚至可能是赔钱的，只有这个部件收入远远大于投入，可以获得较大利润。

如果一个盈利点的利润远远超过一般的利润形成超额利润，那么这个点就是超利点。这里所说的超额利润并不是相对于社会的平均利润说的，也不是相对于同类产品说的，而是相对于你在同一件产品上其他部件上的收入和成本之比说的。

超利点几乎在所有的商品中都存在，只是许多经营者没注意到，更没有做到位。一个经营者只有能够清楚地认识并经营好超利点，才能够获得事半功倍的经营效果。找不到超利点的经营都不是信息化、全球化、高科技时代的精准化经营，而是大工业时期的粗放式或半粗放式的经营。

开饭店的人都知道，许多饭店并不是每一道菜都是赚钱的。但是为了满足不同顾客的需要，你必须要有齐全的品种。在这些品种中，可能最赚钱的是某种有特色的凉拌菜或高档菜，它们就是盈利点。凉拌菜只是5角钱成本，却卖出10元；特色菜成本50元，却卖出300元。那么你应该重点做好、销好这两道菜，最好为这两道菜再免费送一点廉价的配料或小菜。相反，如果你把做菜和推销的功夫放在非盈利点上，那么很可能劳而无功。

在经营盈利点上，中国人应该向日本人学习。尽管中国人在许多方面看不起日本人，特别是他们的先人曾经到别人家杀人放火耍流氓之后，他们却颠倒黑白，不但不认罪，还认为自己有理，这真是无耻到了极点。我们总是说"九·一八"是中国的国耻日，其实更应该是日本人的国耻日。毫无疑问，他们越是不以为耻，就越是这个国家的耻辱。但是抛开这一点，我们至少在一个方面应该诚心诚意地拜日本人为师，这就是精准经营。这个资源贫乏的、狭窄的岛国，培养了他们的狭隘、执拗、认真以及自卑与自大混合的人格，但是也让他们精细到令人惊叹的地步。他们在经营上之所以能够取得成功，很重要一点就是他们总是在一个一个点上着眼。他们尽管在一些方面昧于大是大非，却真的是精明于一点一滴，在经营上清楚地知道自己的每一件产品上，哪个点、哪些点是盈利的、超利的，哪些点是不盈利的。因此，他们总是能够事半功倍，把盈利点、超利点经营到无以复加的地步。

相比之下，中国的经营者、特别是北方的经营者与日本人差得很远。他们在产品销路很旺的时候，可能不知道什么是盈利点，按照"萝卜快了不洗泥"的方式生产；在产品卖不出去或出现亏损的时候，不去思考哪个盈利点没有经营好，也不知道出现了多少个亏损点，往往稀里糊涂企业就倒闭了，所以很容易大起大落。这样的经营者把企业经营死了，却可能不知道死在何处。许许多多经营不善的企业，问题都出在这里。

在经营同样类型产品的企业中，本来资金技术等实力差不多，但是有的不断盈利，有的却天天亏损。君不见街头上同样经营某种菜系的饭馆，位置差不多，有的惨淡经营，有的却生意兴旺、大赚其钱。原因就在于经营者是否清楚地知道盈利点和亏损点在哪儿。

一个经营者要想赚钱，就要把盈利的概念变成盈利点和超利点的概念，

准确地找到盈利点和超利点，并且把它经营好。在经营盈利点和超利点上至少应在作如下努力：

(1) 弄清自己经营的商品中有哪些盈利点；

(2) 给这些盈利点排队，看哪个投入少却利润高，确认超利点；

(3) 在不影响整体利润的情况下，取消或者尽可能减少非盈利点上的投入和经营以降低成本；

(4) 加大盈利点特别是超利点的投入；

(5) 围绕盈利点和超利点开展谋划和经营。

其实不仅要在商品之间寻找盈利点，对盈利点进行排队，在一件商品上也存在盈利点和非盈利点。有许多经营管理者发现某种商品赚钱就大量地生产和经营这种产品，这是正确的。但究竟这种商品能够让你赚多少钱，还取决于你是否能够清晰地认识和把握该商品的盈利点和超利点。

例如生产和销售某种手机，那么这种手机是否有不同的盈利点呢？在一些缺乏精准化经营头脑的人那里，只是笼统地认为某种手机赚钱，某种手机不赚钱。还有的经营者认为，只要提高了手机的性能就一定能够赚钱。但是，一个善于精准化思维的经营者可以对自己生产的手机的各种部件，包括造型、颜色、包装、配件等等分别进行分析，这种手机的消费者对什么最为关注，而在他们关注的内容之中，哪个方面可以投入最少却能获得最大的回报，进而找到盈利点。找到盈利点之后，再对盈利点进行排队，找到超利点。然后，把有限的资金和人力物力投入到超利点和赢利点上。

超利点在各种商品中都存在。例如你的企业生产某种女装，在这种女装整体的质量和设计都比较好的情况下，靠什么来吸引消费者？如果你不去找超利点，仍然试图通过进一步整体地提高质量和设计水平，那样就会非常盲目，而且在市场上也不可能具有竞争力。这个时候就要去找超利点。这种超利点，其实可能就是一个创意，例如在这种女装的某个部位钉上一个纽扣、一个补丁之类的装饰，就立即能够吸引消费者眼球。那么这个装饰就是超利点。因为你仅仅加上了一个小装饰，投入成本非常低，但是销路和利润都会因此而大大增加。

再如经营餐饮。如果你的餐馆菜肴的质量不存在明显问题，却苦于利润没有明显增长的话，最好的办法是去寻找超利点。因为每一个菜肴上都有超利点，你可能给它增加或减少一种配料，做出一种花样，甚至创造一种关于这种菜肴的"文化"说法之后，就可以在投入产出上收到事半功倍的效果。相反如果你只知道强调普遍提高质量，在每一个菜肴上平均地下功夫的话，利润就很难得到提高。

寻找卖点而不只是销售

《第五项修炼》是一本影响力远远超出了企业管理界的著作，1990年在美国出版之后，很快被翻译成多种语言。仅仅在中国，这本书就持续畅销了十多年。

非常有趣的是，2009年10月24日这本书的作者彼得·圣吉来华时，本人被邀请作为专家同国务院发展研究中心企业家调查系统主任李兰等在北京"五五企业家俱乐部"上和他对话。在对话会上，李兰做了一个调查，问了两个问题。第一个问题：在座的企业家有多少人读过《第五项修炼》这本书？当时在场的企业家大约有300多人，其中将近一半的人举起手来。然后李兰又问：有多少人读懂了这本书？在场仅仅有1位企业家举起了手。

令人奇怪的是，这样一本大家并没有真正读懂的书为什么会畅销？其实，许多人买书并不是先知道内容才买的，而是因为书名。也就是说，如果你的书名紧紧抓住了很多读者共同的需求点，那么即使你的书内容并不容易懂，照样可以畅销。

彼得·圣吉的书为什么会畅销？因为他抓住了信息化、全球化时代每一个组织都重视学习这一需求点，而且书名很有针对性：《第五项修炼——学习型组织的艺术与实务》，他在世界上第一次用了"学习型组织"这个概念。"学习型组织"就是他这本书的最大卖点。

对于许多经营者来说，他们看重的是商品如何卖出去，最关心的是把商品一件一件地卖出去，而且是当下就把商品卖出去。这一点完全可以理解，因为卖出去之后才能赚取利润。但更重要的问题是怎样才能把商品卖出去？许多厂家和商家采取的办法是把商品做得性能更好、外观更漂亮，销售上更加热情主动，以为只要这样就能销售得更好。其实这样效果未必就一定好。

为什么在产品和销售上下了许多功夫，却收不到相应的效果？因为你的功夫没有用到消费者关注的点上。只有你把功夫用到消费者关注的点上，才会收到事半功倍的效果。能够引起消费者兴趣的、能够让消费者和商家产生良性互动的点，被人们称为卖点。

卖点是一个近些年经常被使用的词。这个词使用越来越多，说明点式工作法和点式管理法是大势所趋。那么卖点和盈利点是否是一回事呢？这二者有很大一部分是重合的，但并不就是一回事。两者的异同何在呢？

（1）盈利点是从经营的投入产出上来讲的，而卖点是从销售策略上来讲的。

（2）卖点是消费者兴奋的点，但不一定是盈利点。例如某种相机机身小巧是一个卖点，但这个卖点并不一定能够获得高盈利。这种相机要盈利，还要寻找具体的盈利点。

（3）盈利点未必引起消费者高度关注，但是可以提高利润。例如相机的某个重要的内部部件，消费者并不知道，但是它占成本比重很大，降低它的成本就可以获得很高的利润。

（4）盈利点可能在产品上，如在它的性能、部件和包装等等上，也可能在销售的卖点上，例如把某种商品和过年送礼在广告上链接起来，既找到了卖点，也可能找到了盈利点。

如果你要销售一件商品，就一定要千方百计地去寻找卖点、设计卖点。从理论上说，除了市场没有需求、质量太差的和定价太离谱的商品之外，每一种商品都能找到其一系列卖点。就看你是否真正去寻找和设计卖点。

如果说销售是钓鱼，那么卖点就是钓鱼的鱼饵，如果没有鱼饵，鱼就不可能上钩，而没有卖点，那么你的商品再好，也无法卖出去。因此寻找和设计卖点，就是销售精准化的一个重要环节。

那么怎样寻找卖点呢？至少要重视如下一系列环节。

(1)针对特定的群体寻找和设计卖点

在清楚和把握商品性能与特点的基础上，寻找和设计卖点一定要首先对商品营销对象进行定位，确定针对哪个特定的群体。许多失败的销售策划，都是因为针对的群体不明确。

值得注意的是，即使一种商品定位已经很清楚，例如这种商品是针对家庭妇女的，在策划的时候也要进一步明确，这一次销售活动的卖点是具体针对哪种类型的家庭妇女的。堡垒只能一个一个攻破，销售阵地也应该一块一块占领，针对性越强，越意味着这个卖点有效。

(2) 卖点是商品的优势点和消费者兴奋点之间的结合点

卖点并不是商品本身的特点，也不是消费者的购买愿望，而是两者之间的结合点。更准确地说，是商品的优势点和消费者兴奋点之间的结合。

卖点的要素之一——商品优势点

一种商品可能有一系列特点，但是真正成为其卖点要素的并不是所有特点，而是其某种优势点。为什么说是某种优势点？因为卖点是针对特定消费群体说的，只有针对这种群体的优势点，才能成为构成卖点的要素。另外，卖点是人们在一个时间段关注的热点，因此只有在这个时间段和特定群体、事件结合起来的优势点，才能成为卖点的要素。例如，手机经销商在暑假期

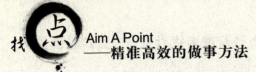

间促销，那么手机这种商品什么特点能够成为构成卖点的要素？可能是手机的某种新功能、新款式，而且这种新功能、新款式必须是学生们所关注和需要的。再如夏季销售空调，如果正赶上这个夏季人们闹流感，那么空调的过滤和杀菌功能可能就是卖点。

卖点的要素之二——消费者兴奋点

构成卖点要素的一定是消费者的某种需求，这是毫无疑问的。但是这种需求不是一般的需求，而是消费者一段时期的兴奋点。这种兴奋点可以由多种因素引起，包括人们对新技术的关注，社会出现的新消费潮流，社会上赠送礼品的时尚，电视剧引起的消费模仿热，人们遇到的阶段性问题，等等。这些因素可以是各种各样的，但是都有一个共同的特点：它们是一段时期人们的关于某种消费的兴奋点。

也就是说，只要制造了人们关于某种消费的兴奋点，让它同你的商品的优势点紧密地结合起来，就可以制造卖点。例如，如果你能够把自己经营的某种商品的优势点同奥运会结合起来，同正在发射的某种航天飞机结合起来，同人们关注的某个大型活动结合起来，同治疗正在流行的某种疾病结合起来等等，你就可以制造出卖点来。

在寻找、制造和经营卖点的过程中，值得注意的问题有两个。

(1) 注意卖点的聚焦性

卖点之所以成为卖点，是因为它在一定阶段被人们高度关注。而某种东西要被人们高度关注，就一定要把人们的注意力尽可能地吸引过来，切记不要同时再让人们关注其他东西，否则就不能让人们注意力聚焦。但实际上经常出现的问题是，商家在制造卖点的过程中，往往总是想利用机会把自己商品的所有优点都宣传出去，导致人们注意力分散，结果消费者对于这种商品不能产生一种购买冲动。

(2) 注意卖点的时效性

一种商品可能会持续不断地销售下去，但是其卖点绝对不会只是一个，而是在销售过程中会不断有新的卖点。这是因为尽管消费者对这类商品有持续的需求，但是他们的兴奋点却在不断变化，商家必须不断地寻找自己商品的优势点同他们兴奋点的结合之处。因此每种商品的卖点都是有时效的，不断随着时间、环境、消费群体的变化而变化。

这很像一位歌星，他的歌声很有魅力，人们可能会持久地欢迎他的声音和唱法，但是这并不等于他只唱一首歌，而是要不断适时地针对自己的歌迷出一些新歌。这些新歌就是在制造这位歌星的新卖点。事实上，歌星、影星及其经纪人们对于卖点可谓挖空心思，他们甚至有意识地在缺乏轰动新闻的时候，传播一些关于该歌星的绯闻，制造卖点。从实际效果来看，一些绯闻确实可以引起人们关注，而且人们会因此认为该歌星性感而有魅力，并不会有太大负面影响。歌星、影星和他们的经纪人们非常注意卖点的时效性，经过一段时间，总是制造一个新的卖点。某些歌星、影星之所以"久盛不衰"，就是不断制造卖点的结果。

寻找优势点而不是优势

企业的经营者无不关注竞争优势问题。自古以来竞争优势就是人们所关注的内容，例如中国古代的兵家以"强""弱"称之。到了20世纪，美国哈佛大学教授迈克尔·波特在《竞争战略》（Competitive Strategy）一书使用了竞争优势（Competitive Edge）概念。其实所谓竞争优势，就是你比别人强的地方，特别是一个企业经过长时间积累，形成的在短时间内别人无法复制的强于对手之处。

人们对于竞争优势非常关注，以为一个企业相对于自己的对手来说占有优势，就是竞争胜利的保障。其实未必如此。因为抽象的优势无论多大，都可能是空洞的，没有意义的。

什么是优势点？优势点就是在竞争的每一个具体内容上以及每一个竞争事件上体现出来的优势，是优势的一个一个具体的实实在在的点。优势点告诉我们，真正的整体优势是由一个一个具体的优势点构成的，是由发展中的优势点构成的。而经营好优势点，具体的、累进的优势可以改变整体上的劣势，从而转败为胜。历史上许多军事、经营上的悲剧，都是因为不善于经营优势点造成的；而许多巨大的成功，也都是善于经营优势点的结果。

一个善于经营的人和不善于经营的人之间的区别，很大程度上就在于是否善于经营优势点。善于经营的人在对待优势点问题上，至少有如下特点。

(1) 较强的优势点意识

蒋介石在权术上乃至政治上具有很强的能力，这是没有疑问的，但是在军事上并不十分高明，特别是和毛泽东、朱德等共产党的领袖相比。因为他缺乏具体的优势点意识，不能把整体的优势变为具体的优势。在企业经营上也有许多经营者是这样，一个好端端的企业、一种很有优势的产品，却不能在具体的竞争中发挥优势点的作用，以致最后败下阵来。所以，是否具有优势点的意识，是否在竞争中能够看到一个一个具体的优势点，无论对于军事竞争还是市场竞争来说都是非常重要的。

(2) 占据优势点并形成组合优势

好的商品在最关键的性能上一定要占有优势点，否则就难以具备竞争力。但是，仅仅在性能上占据优势点还不行，具有较强而稳定的竞争力的商品，一般说来应该在四个方面占据优势点：一是性能，二是外观，三是品牌，四是价格。在这四个优势点中，你越是占据得多，越是具有竞争力。

笼统说来商品要具有上述四个优势点，不过这四个优势点都是可以进一步具体化的。例如性能可以具体化为哪一方面性能，外观可以具体化为那方面的外观，品牌可以具体化为在哪个客户群中对于哪个方面的品牌认同度，价格也可以是相对于哪种具体类型商品的价格。一个好的经营管理者，对于商品一定要在这样四个方面的优势点上具有清醒而具体的认识。

　　值得指出的是，在上述四个方面中，并不是你的商品每一个方面越是比别人强，就越是代表你占据了优势点。例如并不是你的产品性能越好、外观越漂亮、价格越低、品牌越响，你就越具有组合优势。因为这要看消费者的需求。假如你的产品是给农民用的农具，并不一定要做得像医院的手术器械那样精细，不一定外观像工艺品那样漂亮，也不一定像可口可乐那样高的知名度，因为农民注重的是实用和廉价。农民并非不要求农具精细，但需要的是实用性方面的精细；他们并非不要求漂亮，但是这种漂亮一旦导致价格明显上升，他们就会断然放弃；他们并非不注重品牌，但是品牌只是影响他们在同一价格层面上对商品的选择。与农民相比，社会上高度富裕的阶层对商品的选择恰恰相反，他们注重的则是高度精细、美观和品牌知名度，并不在乎这些远远超过了实用性范围，并不在乎价格超出同类商品水平。

　　因此，什么是商品的优势点？是受消费者关注的具体的而关键的点上的优势，而不是各个方面简单的技术性指标之间的比较。什么是商品的竞争优势？并不是你一定处处都比别人强，而是你符合消费者要求的优势点的组合。所以，优势点认定可以有一个法则，叫做关键性法则。所谓关键性法则，就是符合消费者要求的关键点上的组合优势。

　　上面所说的优势点是从商品的角度来说的，但是对于一个企业来说，经营是方方面面的，例如技术、资金、人才、供应网、销售网、品牌等等，这些都要有自己的优势点，都有优势点构成的组合优势。组成这些优势的优势点，也并不是简单的指标之间的比较，而要看它们是否符合实际的需要。

(3) 经营优势点

　　经营工作非常重要的一点就是经营好优势点。不能经营好自己商品的优势点，以及不能经营好自己的组织、管理、销售等方面的优势点，就不可能有竞争力。怎样经营优势点？关键要做到三个方面。

　　排列优势点顺序。在具体地掌握自己的优势点之后，要根据市场竞争的

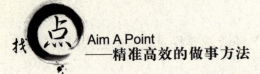
需要，不断强化自己的优势点，使之获得保持和发展。那么优势点是否越强化越好呢？根据上面所阐述的道理，可以肯定优势点并不是越强化越好，而是应该把功夫下在重点问题上。上文提出了关键性法则，关键性法则告诉我们：一件商品应该具有哪些优势点，这不是商家拍脑袋可以确定的，应该把具体的消费者群关注的问题按照重要程度排一个顺序，列一个清单，越是在关键性问题上，你的商品越是应该具有优势点。否则，如果你把经营优势点的功夫下错了，即使你的商品的质量再好，也可能在竞争中被淘汰。

把握领先幅度。一个企业的商品，必须性能、外观、品牌、价格等一些方面具有领先的优势，但是这种领先优势也并不是把别人远远抛在后面才好，因为要把别人远远抛在后面，你就必须大大增加成本，其实在市场上相对于第二位的竞争者来说，一般来说你保持领先半步到一步就可以了。就像前些年在电脑市场上正是"奔3"销售占主流的时候，某个领先的企业生产或销售的产品如果是"奔3＋"或"奔4"，就恰好会引领消费潮流，但是如果你开发并抛出更高级的产品，一方面会投入大量资金，另一方面还会因为消费者观念适应等问题，遇到销售障碍。所以一般说来，领先应该以半步或一步为适当，我们称之为半步法则。

消灭弱势点。要形成竞争优势，就必须消灭自己的弱势点。弱势点并不是把一种商品所有方面拿出来和人家比较，而是在消费者关注的问题上不如人家产品的点。在很多情况下，你的弱势并非是弱势，因为消费者并没有关注这个点，那么这个点就是无用点，而不是弱势点。例如对于高端消费者来说，商品价格偏高并不是你的弱势点，如果商品滞销，就应该从别的方面去找自己的弱势点。只有真正找到了弱势点，并且消灭了它，才能具有较强的组合竞争优势。

(4) 善于进行优势点博弈

在竞争中，不但要寻找自己有哪些优势点，还要寻找对手有哪些优势点，从而进一步让自己的优势点发挥作用，并且在竞争中对于对方的优势点进行压制，如果不能压制就极力避开对方的优势点。善于竞争的经营者，应该在尽可能压制或者避开对方最大的优势点的情况下，以自己的优势点去同对方的弱势点去博弈，以获得整体的组合优势。

这种避开对方最大的优势点，以自己的优势点同对方弱势点去进行博弈，从而获得组合优势的做法，最为典型的成功案例是春秋战国时"田忌赛马"的故事。

齐国将军田忌经常与齐国诸公子赛马，设重金赌注。孙膑发现他们的马脚力都差不多，可分为上、中、下三等。于是孙膑对田忌说："您只管下大赌注，我能让您取胜。"田忌相信并答应了他，与齐王和诸公子用千金来赌胜。比赛即将开始，孙膑说："现在用您的下等马对付他们的上等马，拿您的上等马对付他们的中等马，拿您的中等马对付他们的下等马。"三场比赛完后，田忌一场不胜而两场胜，最终赢得齐王的千金赌注。于是田忌把孙膑推荐给齐威王。威王向他请教兵法后，就把他当作老师。

孙膑之所以能够让田忌取胜，是因为他对参赛双方的马匹都分成了三组，也就是我们所说的他看到了每一方的三个点，并且用一个弱势点去应对对方的一个优势点，用两个优势点去对对方的两个弱势点，因此获得了组合优势，当然也就顺利取得了胜利。这是以具体的优势点化解对方整体优势的胜利。

现代企业之间竞争也不乏这方面的案例。

2004年，媒体上突然之间掀起了一股批判茅台"健康酒"理念的风潮。一系列文章颇为有针对性地指向茅台的广告"喝酒喝出健康来"。文章颇为尖锐，质问喝酒怎么能喝出健康来？气势汹汹，让人感觉一段时间内也许茅台会被批倒批臭。

然而恰恰是这场风波之后，茅台酒销售扶摇直上，股市上也是蒸蒸日

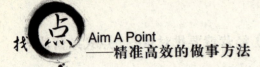
上。为什么？因为经过这样一批，许多人认为：既然茅台敢于这样做广告，一定是有其根据，肯定是对健康有一定好处。还有一些人，由此去细看茅台的辩解和宣传，知道茅台酿酒方法是独特的，酒要经过3年窖藏才能出售，生产周期达到5年，而这样几年窖藏会把酒里的"不安分"分子挥发掉，因此对人身体至少害处比较小。于是许多人在酒桌上更多选择了茅台。

有媒体人士认为，这场风波起因于酒业的竞争。如果这个信息属实的话，那么操纵这场批判的企业是失算的。这种失算并不在于这家企业没有抓住茅台的把柄——至少"喝酒喝出健康来"这句广告词确有不严密之处，因为喝酒不喝出毛病来就不错了，谁能保证喝酒喝出健康来？或者说，至少应该在医生指导下喝酒，才可能喝出健康来。那么这家企业确实抓住了对方广告词上的瑕疵，为什么却为茅台做了广告呢？

问题在于，这家企业这样发动批判，其实是用自己的弱势点，同对方的优势点在博弈，没有避开对方的优势点。因为对方的酿造方式，至少对健康的损害更小；因为茅台本来就是历史悠久的国酒，质量更会让许多人放心。所以人们对于茅台"有利健康"之说，反倒是宁信其有、不信其无。其实，许多人原来对于茅台"喝酒喝出健康来"这句话并没有太当真，但是经过这样一批，反倒是进一步关注了、议论了、思考了，于是更加认可茅台了。

茅台酒的对手本来是有自己组合优势的，也有自己的优势点——例如市场上假冒的酒比较少，但是这次博弈突出了人家的优势点和自己的劣势点，却降低了自己的组合优势。

管理就是管到点

——点式管理法

科学的管理学从找点开始

科学的管理学就是从找点开始的。

弗雷德里克·温斯洛·泰罗，被后人尊为"科学管理之父"，他创造的管理方式后来被称为"泰罗制"，使得管理学成为了一门真正的科学。那么"泰罗制"是怎样发现的呢？这得归功于因眼疾而辍学的泰罗从小对于工具天生的敏感和爱好。早在他在费城米德瓦尔钢铁厂和伯利恒钢铁厂当管理员和工长的时候，就非常关注这样一个问题：如何让工人用上得心应手的工具，从而最大限度地提高劳动生产率。他曾经在"铁锹试验"中获得了一种高速工具钢的专利。后来，泰罗逐渐把对工具潜能的挖掘转移到人本身的管理上来，他思考每个人如何通过有效使用工具而提高效率。经过研究，最后得出一个结论——工人劳动生产率的提高，离不开标准化的作业环境和物质利益的刺激。他主张工人应掌握标准化的操作方法，使用标准化的工具、机器和材料。他创造性地发明了计件工资报酬制度。这种刺激性的"差别计件"付酬制度，充分发掘了人们的劳动潜力。

泰罗研究管理之所以能够成功，在于他找到了研究的入手点——工具，然后他找到了管理上的三个关键点：标准化的作业环境，标准化的工作指标，计件工资制度。

在"泰罗制"发现以前，管理是笼统、模糊的，这是因为没有找到明确的、可以操作的点，而之所以说泰罗把管理变成了科学，是因为他经过实验和研究，找到了管理的明确的、可操作的点。而这正是科学管理和非科学管理的区别所在。

管理的关键

一人到德国旅游，见不远处有一教堂，于是问旁边一德国人："请问到那边的教堂需要多长时间？"德国人只摇头。游客心里老大不愿意："德国人怎么这样？"几个人一商量，就自己往前走。刚走出去50来米，刚才那个德国人朝游客挥挥手说："大概7分钟。"游客很奇怪："怎么刚才不告诉我们？"德国人说："我要根据你们步行的速度，然后用距离除以速度才能得到时间。"

德国人善于质量管理，就在于他们思维的具体、严格与精确。

在善于管理的人眼中，管理的对象不是模糊、笼统的一堆事物，不是一个一个孤立的点。在他们眼中，一个一个点总起来是一个系统。他们看到的是一个一个的事物，尽管这些事物在别人眼里可能是相互没有联系的、混乱的，但是在他们眼中，总是能够看到这些事物之间的联系，从而理出它们之间的相互关系。事实上也只有理出这样的关系，把管理对象视为一个有机的系统，才能把管理的成本降低到最低程度，而把管理的效率尽可能提高。

当你只是看到一堆笼统的事物，看不到一个一个点的时候，你还不是一个合格的领导者。但是当你只是清清楚楚地看到一个一个点，而看不到一个系统整体的时候，也不可能成为一个合格的领导者。好的管理者总是既能看到点，又能看到系统。事物总是一种"点—系统"的结构关系，管理就是利用点来把握系统，利用系统来把握点。

管理的点并不只是管理的具体目标，而是多方面的，在涉及管理的各个方面都必须找到点。例如问题点——要解决的一个一个问题；目标点——要达到的总体目标上的一个一个点；操作点——进行管理过程中一个一个行动的点。

点和战略

抗战全面爆发后，1938年5月，毛泽东发表了《论持久战》。在这篇著作中，毛泽东分析了中日两国的社会形态、双方战争的性质、战争要素的强弱状况、国际社会的支持与否，指出抗日战争是持久战，最后的胜利属于中国。他科学地预见到抗日战争必将经过战略防御、战略相持、战略反攻三个阶段。他强调"兵民是胜利之本"，抗战胜利的唯一正确道路是实行人民战争，阐明了抗日战争作战的形式上，主要是运动战，其次是游击战。《论持久战》是中国共产党领导抗日战争的纲领性文献，它指明了抗战的前途，提出了正确的路线。抗战后来的实践充分证明了这篇著作的预见是完全正确的。

毛泽东《论持久战》是关于中日战争的战略论述，但是并不是空洞的论说，而是包含了关于抗日战略三阶段、运动战和游击战等重要的点。正是这些点，使这篇战略著作充实而科学，指导了中国人民的抗日战争。

管理要有战略目标，但是战略目标并不是笼统的，而应该有具体的点。

杰克·韦尔奇说："战略其实就是对如何开展竞争的问题做出清晰的选择。不管你的生意有多大，资金有多雄厚，你也不可能满足所有人的所有要求。"

任何点都是系统的点，而任何系统都是由若干点组成的。点之间组合就构成系统，系统上有若干个点。

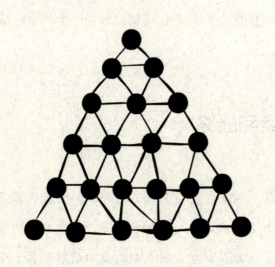

战略就是找各个方面的点，并且从总体上把握各个关键点之间的关系。战略总是由若干点构成的，包括问题点、目标点和实施点。当我们从现实中找到一个一个问题点，并确立了相应的解决问题的目标点、实施点的时候，就形成了一个一个战略点。而战略就是由若干这样的点构成的。在管理上，就是要不断地把具体的点联结、上升为战略，反过来又要把战略分解为一个一个的点，具体去实践战略。

优秀的管理者眼中，没有笼统的战略，战略总是由若干具体的点构成的，而且每个战略点周围还有若干个点；也没有孤立的点，每个点都要同战略实践相联系，对每一个点上的工作，都应该从战略的角度进行控制与评估。

1948年8月初，国民党中原会战失败，蒋介石主持召开"三年来戡乱检讨会"。何应钦作军事形势报告，承认两年多来兵员损失三百余万，武器弹药的损失也不计其数。

有人说："共产党在江西时，只有那样一点力量，打了十年都解决不了。

现在他们发展成为这样大的力量，我们遭到如此重大损失，这个仗还怎么再打下去？"

蒋介石把两年来军事失利的原因归咎于前方各将领贪污腐化、贪生怕死、指挥无能，而对于统帅部在指挥上的失误则虚晃一枪，不做检讨。

白崇禧心想："你指挥作战连一个交警大队，一个步兵营也要干涉，弄得前方将领束手束脚、动弹不得。亏你还在日本学过军事，甭说是步兵指挥官，说你是步枪指挥官也未必合格。打胜了功全归你，打了败仗全推得干干净净。"

轮到白崇禧在大会上发言，他直言不讳地说："宜川一战，胡宗南的刘戡部5个师全部被歼。洛阳一战，邱行湘被俘；豫东一战，区寿年兵团的6个师和黄百韬兵团一部9万余人全部损失；襄樊一战，康泽被俘，战略要城襄阳丢失。抗战后剿共开始的时候，我们实力以5∶1的绝对优势超过共军。何以不到两年，战略上的主动就从政府方面转到共军手中？"

接着，白崇禧又提出6条"戡乱"建议，其中有一条是专门对着蒋介石来的。他愤愤地说："统帅部应尊重各级指挥系统的权力，上级不能超级指挥，下级不应越级报告与请求！"

全场掌声大作，热烈拥护。蒋介石微笑着，也拍了两下手，回到官邸就大骂白崇禧"居心叵测"。（引自《毛泽东点评国民党著名将领》，马祥林主编，民主与建设出版社2006年出版。）

蒋介石和国民党的失败，当然和毛泽东用兵如神有关，更重要的是蒋介石不善于战役的整体指挥，而是经常越级干预手下将领的指挥，其实对于别人的指挥造成了严重干扰，破坏了战役的合理部署。

管理者要管什么？这是一个极端重要的问题。不弄清这个问题，管理者的管可能是"瞎管"，是在干扰别人的工作，给别人的工作添乱。就像有的

大城市的交通警察，哪里站了一个警察，哪里就很快发生交通拥堵；警察离开了，很快交通就会畅通。为什么出现这样的状况？因为警察在那里指挥妨碍了车辆自然的流通，还有的是因为警察在那里查处违章、进行罚款，一些被罚车辆在路边停靠导致了拥堵。

对于管理者来说，最重要的是事务的整体。

有的管理者眼里没有事务的整体，总是一件事一件事孤立地管，事无巨细，亲自动手，直接指挥，因此总是单位里最忙的人，忙里忙外、忙东忙西、手忙脚乱、起早贪黑、累死累活，工作上却纰漏百出。

这样的领导往往觉得手下的每一个人素质都不够，都不能跟上自己的步伐，不能和自己配合，动辄批评这个骂那个，却越骂越出乱子。在这样的领导手下工作，人们往往无所适从，越干越出错，越干越挨骂，越干领导越觉得你素质不高、能力不够，而不干领导又觉得你成心作对、故意看笑话。如果这样的领导再有人格问题、自以为是，情况就更加糟糕，他会把对别人的指责和对自己做具体事情能力的炫耀结合起来，边炫耀边直接插手每个人的工作，制造工作的混乱。

其实，这样的人并不适合做领导和管理者，因为他们不知道寻找一种控制模式来管理。

什么是管理？如果所面对的问题是极为短暂的、非重复的事件，你并不能理清其内外联系，那么就无法管也无法理，不能进行管理。所谓管理，首先在于理，就是在理的基础上进行管，就是弄清管理对象的内外联系，从而寻找一种控制模式。因此所谓管理，就是对事物进行模式控制。也就是说，如果找不到一种有效模式，那么你就无法进行真正管理。善于进行这种模式控制的，是合格的管理者；不会这种模式控制的，不是合格的管理者。

既然管理就是对事件及其过程进行模式控制，管理要寻找什么样的模式，才能进行很好的控制呢？要寻找的模式当然是管理模式，但这里所说的管理模式并不是书本上的，而是从管理对象中寻找，把管理的对象当作一个整体，研究要达到一定的管理目标，应该怎样把它们系统化到一个整体的运作模式之中。为了找到这样的模式，管理者就必须把管理的工作分为一个一个模块，然后再把它们分为一个一个的点，然后按照最有效的方式对这些模块、点进行最符合效率的组合。因此，管理模式的基础是一个一个点。离开一个一个管理点，那么管理模式就是空的，就是无意义的。

现在有许多管理学者空谈某种管理模式，而许多企业管理者也都以套用时髦的管理模式为荣。事实上离开一个个具体的管理点，很难说某种管理模式适用还是不适用，而如果不适用，再漂亮的管理模式都是没有意义的。每一类企业的管理点不一样，每一个企业的管理点不一样，每个企业发展的具体阶段的管理点又不一样，因此在选择管理模式的时候必须看具体情况而定，尤其是首先要按照管理点确定比较实际的模式，然后参照理论模式去完善它，而绝对不能不顾实际情况，死搬硬套理想化的模式。例如，对于拥有一个现代化生产线的企业来说，比较适合六西格玛或者全面质量管理，而对于一个煤矿来说并不适用，对于一个研究型企业来说也不一定适合。

找到管理模式之后，怎样进行具体的管理？具体的管理运作还是要把握一个一个的管理点。这些管理点可能是人，可能是组织，可能是一些项目，可能是具体的时间等等，但它们不是抽象的而是实实在在的。管理者一定要知道，只有把握、控制了这样一个一个管理点，才能够具体地运作管理。因为点及其关系就是你的管理对象，点的关系就是程序、流程。那些不称职的管理者，只是知道抽象的管理模式，知道管理的宏观问题，却不知道去控制一个一个具体的点，这样的管理很难取得良好的效率和效果。合格的管理者，应该是既能充分把握宏观的方向和基本问题，又能够准确地看到并且有效地控制一个一个管理点。

工作要求一定要到点

在工作中我们经常遇到这样的管理者，他们布置工作非常笼统，有时让人哭笑不得。

2008年，某单位要在外地举办一个全国性的大型会议。在办会的人员即将奔赴会议举办地的前一天，在会议的联系等准备工作紧锣密鼓地进行的时候，该单位的主要领导召开了一个会议，要求所有有关人员都必须参加。在会议上，该单位领导大讲举办会议的重大意义，每个人一定要重视这次会议，只能把会议办好，不能办坏。大家在工作中一定要加强团结，注意单位形象。还大讲"细节决定成败"，要求做好每一个细节，并且说如果细节做不好就会如何如何。

这位领导发表了长篇宏论，却没有讲到任何一个具体的实际问题，没有指出一个值得重视又容易被忽视的具体细节。有关人员一再提醒还有许多具体事要做，这个领导才不得不结束讲话。此人讲话结束之后，参会的人出门后，都互相看一眼，不约而同地摇头叹息。

一个领导或管理者，在工作中这样对大家提要求，没有任何意义。这样不着边际的空谈，只能让每一个人看到你不务实，看到你不但不能很好地领导和管理，而且实际上是大家顺利工作的障碍，因此你也不可能在工作人员面前树立自己的威信，无法真正获得大家的尊重。

那么领导或管理者应该怎样对部下提出工作要求？第一，心中要有点。你对自己所分管的工作，有哪些问题点、哪些关键点一定要非常清楚。第二，提出要求一定要针对具体的点。对于部下总是讲一些笼统的、原则的要求，没有针对性，是领导心中没数、工作无能的表现，领导总是提出这样的要求对于开展工作毫无意义，而且也会降低自身威信。第三，提出的要求本身要有点。领导对于工作提出的要求，应该针对具体的情况，具体化为几个明确的点，可以让部下准确理解、实际落实。

在实际工作中，善于领导、有较高威信的人，往往是具备这三个方面特点的人，而那些讲话缺乏针对性的领导，尽管自以为水平很高，以为别人很佩服自己，实际上无不是群众在背后嗤之以鼻的对象。

分工就是分点，指令就是给点

北京某文化公司办企业总裁培训班时，该公司老总提出一个宏大设想：联系一些大型企业提供巨额赞助，对参加学习的人不收费，在人民大会堂举办。他郑重其事地宣称：用半年时间可以把社会上所有培训班都挤垮。

当然这个想法只是天方夜谭而已。这个公司的人像走马灯似的流动，其中一个原因就是员工总是弄不清老板的要求，而老板总是觉得员工素质跟不上。实际上，这个老板喜欢把事情越想越大，布置工作时经常自己都没有想明白，只有笼统要求而没有具体的点，员工当然也就不可能跟上他的想法。给这样的老板打工，是一件非常痛苦的事情。

在这样的单位，老板和管理人员总是抱怨员工的素质过低，其实是员工在这样老板的领导下很难找到感觉。的确，对于那些要求工作人员有较高智商和知识素质的工作，员工素质过低可能是一个方面的问题。但是，对于那些常规性工作来说，问题主要并不在于员工素质，而在于管理。

什么样的管理导致员工对于工作长期找不到感觉？这种管理的特点是分工不明确，指令不明确，给员工一项工作，从来没有清晰地告诉员工，你的工作有哪些基本点和关键点。或者平时给员工一项指令，也是极为笼统的，只是要求把某一项工作干好，但是指令本身没有明确的点，没有对"干好"有具体明确的要求。这样的管理往往让员工懵懵懂懂、无所适从，因此员工

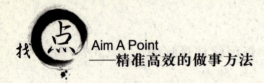
工作就不可能"到点",而且久而久之,员工对于工作的概念也非常模糊,仅仅是凭感觉做工作,当然也就不可能形成工作所要求的素质和精神。

管理的很大一部分内容,就是分工、下指令。分工其实就是分点,一项工作大概有多少个基本点,这些基本点大概可以分为多少个模块,分工过程就是把这些模块分给相应的人来负责,让他们负责这些模块上的点,最后实现整体的要求。有那么一些人,心中从来就没有点的意识,不清楚工作有哪些基本点、关键点,这种人其实最不适合当领导,甚至不适合做一个普通的员工。因此对于一个领导者和管理者来说,一种重要的能力就是找到工作的基本点、关键点,并把这些基本点、关键点分配给下属。

除了分工,下指令也是领导者、管理者的一种重要能力。在战争影片中我们经常看到,那些不会指挥的将领,发号施令缺少系统性,抓不住基本点和关键点,往往非常笼统、语言不详,或者只顾一点不及其余;在部下执行命令效果不佳后,就粗暴地辱骂、训斥。而善于指挥的将领,发号施令总是明确到点,能够抓住关键点,而且命令之间点与点互相照应。这正是优秀的领导者、管理者和拙劣的领导者、管理者之间的一大区别。在实际生活中我们经常会遇到这么一种领导或管理者,他们在布置工作时碎嘴唠叨,说许多没有实际意义的话,但关于做好这项工作的基本点、关键点却没有说到或者说全,甚至他们头脑中根本就没有这些点,这样的人怎么会把别人领导好、管理好呢?其实在实际工作中,要区分一个好的领导者、管理者和差的领导者、管理者很容易,办法就是让他谈一项工作或者布置一项工作,看是否能够把基本的、关键的问题说清楚。

发指令就是给点,就是把工作的点告诉别人。要做到这一点,作为领导者、管理者,就要把自己的工作理清,把要别人做的事情理清,明确基本点、关键点。如果工作比较复杂,就要以书面的形式表达出来。在这样的基础之上,才可以对别人发号施令。你在发指令的时候给别人提供的工作基本点、关键点越清楚,别人越可能把工作做得好。最好的员工都是最好的领导者、管理者培养出来的,在好的领导者、管理者手下,很少有差的员工。

领导者要有几个点

什么是领导

诸葛亮做到了宰相，但做事的特点仍然是事必躬亲，许多事都是自己亲自去做，或者亲自指挥、亲自检查，因此每天忙得很，很累很累，最后积劳成疾，"鞠躬尽瘁、死而后已"。

诸葛亮应该是一个很好的"干部"，但是很难算得上是一个卓越的领导，因为不能调动别人的积极性，不能让每个人的创造性发挥出来，因而年轻人得不到锻炼，优秀人才不能脱颖而出，最严重的后果就是他死后"蜀中无大将，廖化做先锋"。一个国家年年和魏国打仗，最后却没有优秀的谋士，也没有能征善战的武将。

当然，诸葛亮发现了人才严重匮乏这个问题。在他去世前，用计谋特意挖来一个曹魏培养出来的中层干部——姜维。但是尽管姜维尽心尽力，最后对于蜀国的局面也只能无可奈何，因为人才匮乏，孤掌难鸣。

诸葛亮的一个很大的问题是把领导工作当作了普通管理，甚至当作普通的做事，因此事无巨细，事必躬亲。其实领导方式如此的人并不太适合当领导，特别是不适合当高级领导。这种人当领导的结果是自己忙死、累死，别人闲死、压抑死，谁都感觉不好。

什么是领导，什么是管理？这是许多人都清楚又不清楚的问题。在一个组织里，负责组织日常运行的人是在管理，而负责组织发展方向的人是在领导，"领导是导向性管理"（引自屈连春著《领导是导向性管理》，中央党校出版社2009年出版）。领导是一个组织中一种高层次的管理活动，往往是

对管理的管理，而不是直接的管理。因此，一个人只有弄清楚什么是领导以及领导和管理的区别所在，才可能成为好领导。

什么是好的领导？其实韩非子在两千多年前就已经讲得很清楚："下君尽己之能，中君尽人之力，上君尽人之智。"（《韩非子·八经》）只知道尽自己之能的领导，例如诸葛亮、蒋介石，从最后结果看，算不上是好领导；能够让大家出力的领导是中等领导；而能够让所有人贡献智慧的领导才是最好的领导——例如比尔·盖茨和杰克·韦尔奇。

那么，领导工作具有什么特征？特征应该

有三个：第一，导向性管理——也就是管方向；第二，对管理的管理——也就是间接的管理；第三，授权——放手让别人管理。其实，第三个特征是第一、第二个特征的引申，理解了第三个特征，才是真正全面理解了领导工作。

领导要靠一种模式

释迦牟尼创造了佛教理论模式，又创造了寺院和居士组织的模式，才有了佛教至今的传承不衰。

毛泽东用土地革命这种模式实现了对农民的领导，用"支部建在连上"实现了对于军队的政治领导，用"农村包围城市"夺取了政权，实现了对于全国的领导。

"领导者的唯一定义是：一个拥有跟随者的人。"这是德鲁克对领导者的定义。确实，一个成功的领导者，必定拥有众多的、持久的跟随者。换句话说，一个领导者拥有的跟随者越多、越持久，就越说明他具有越高的领导能力。

一个领导者怎样才能拥有众多的、持久的跟随者呢？可能有人认为领导者要有智慧，要有魅力，要有组织能力等等，这些确实都是非常重要的。但是领导者要实现广泛的、持久的领导，更为重要的是要设计和操控一种模式。

宗教领导要靠模式，政治领导要靠模式，军事领导要靠模式，企业和一切领导都要靠模式。世界上大的成功都靠一种模式。一个人今天做这个生意，明天做那个生意，尽管眼前看可能赚到了钱，但是最后多半赚不了大钱，而且非常辛苦。但是如果一个人把赚钱变成了一种经营模式，明确了经营的范围和方式，就可以雇用一些人按照这个模式来做事，于是就像有一个生产线，可以稳定地、不断地创造利润。只有这样，这个人才能成为企业好的领导者。

领导就是操控一种模式。创业的领导开创一种模式，改革的领导变革一种模式，而一般的领导则往往继承、利用一种既定的模式。但是离开模式，你只能偶尔去影响一些人，但是无法长期地影响较多的人，不会有人长期和你走。因此没有模式就没有有效的领导。

高明的领导善于创造和利用某些模式。只有形成有效的模式，才能整合资源，形成规模，才能使领导成本最低化，而领导效率最高化。

不过，从模式的角度来看，真正有效的领导者并不一定总是占据某种领导岗位，他可能只是创造了一种模式，但是却影响深远；他可能启动了某种

模式，却开创了一个时代；他可能善于操控某种模式，但是并不占据实际的领导岗位，或者很少干预实际的工作。越是高明的领导，越是因为创造和操控某种模式，而能够达到事半功倍、四两拨千斤的效果。毛泽东、邓小平都是这种领导，华盛顿是这种领导，退休之后潇洒"裸捐"的比尔·盖茨也是这种领导。

领导要靠一种模式来实现，而模式是由点组成的。

优秀的领导首先要有策划点

毛泽东在军事上有一系列点子，而且善于采用别人的点子，并且能够把若干点子变为思路和方案，所以用兵如神。既有出奇制胜的战术，又有缜密高超的战略，因而能够指挥军队不断走向胜利。

林彪善于指挥打仗，在指挥战斗、战役时尤其善于突击和跟进配合，由此他总结出"一点两面"的作战模式，即一点突破、两面配合。这种模式对于"四野"打胜仗起到了很大的作用。

一些领导善于运用一种模式，而更为伟大的领导善于创造或者改进一种模式，这样的领导是开创性的。创造和改进一种模式，就需要新的策划，而新的策划需要三个环节：第一，一系列策划点，也就是新的点子；第二，把新的点子链接起来，形成一种策划思路；第三，把策划思路变为系统的策划方案。在这三个环节中，最为基础的是领导者要有新的点子，至少会采用新的点子。

不适合做领导的人首先是不善于策划的人，他们头脑中没有策划点，只是知道按照既定模式做事。情况有了变化，不知道变通，仍然循规蹈矩。

甚至有的领导，连循规蹈矩的水平都不够，领导和管理上缺少章法，只不过是让自己所在的组织按照惯性去运行，遇到新的情况反应迟钝，茫然不知所措。后一种是更为糟糕的领导。

在社会上，许多领导者缺少策划能力。许多领导者都是"三好学生"式的，思想循规蹈矩，形象端端正正，说话一板一眼，做事按部就班。这样的领导绝对不是高明的领导，更不可能成为伟大的领导。

优秀领导要有理念点

在中国，许多领导者、包括企业领导都喜欢把自己打扮成理论家，说起话来高谈阔论，发表文章长篇大论（基本都是别人代笔的），而且谈问题一定要上升到世界观、方法论的高度，似乎不如此就不够水平。

2002年，本人随团到法国国家行政学院考察，法国国家人事部部长兼该院院长介绍他们的学院有多少行政和教学管理人员之后，并没有介绍教员人数，于是我问了一个问题，引起了一场有趣的对话。

"请问，你们教员有多少？"

他的回答令人非常意外："没有教员。"

"你们的课程由谁来教？"

"有经验的公务员。"

"有经验的公务员教的是行政案例课吧，那么你们的理论课由什么人来教？"

这时，这位院长不明白了，摇头，和学院教育长小声嘀咕一下，然后

说："什么是理论课，你能否举个例子？"

我想了一下，举了中国理论学习的例子。

院长弄明白了，说："我们没有理论课。"

"唔，没有理论课。那么据我所知，你们是有一系列理念的，例如宪法至上、法律面前人人平等，三权分立，公务员要为公民服务等等。这些课由什么人来教？"

"是的，你说的这些理念很重要，或者说太重要了。正因为重要，所以我们的公民在上小学的时候就已经完全认同它们了，所以对于公务员来说，就没有必要重复学习了。"

这段对话给我的印象极为深刻。他们重视的不是理论，而是理念，并且已经让基本理念深入人心了。

在西方国家，大学负责"生产"理论，智囊机构负责"生产"战略方案，而政府应用理念、订购战略方案，然后进行决策，大学、智囊机构和政府三个方面分工比较清楚。

西方国家不搞理论学习，而是高度重视理念；他们不搞统一思想，而是统一理念。事实上，思想是一个人思维的内容和过程，想完全统一起来是很难的，尽管通过"洗脑"可以做到，但是负面的作用太大太沉重。所以真正能够统一的只能是理念，因为理念就是基本的观点，这种统一比较容易做到。理念是思想的灵魂，如果搞一系列活动去试图统一思想，结果思想没有统一，理念也没有获得认同，那么这样的活动就南辕北辙了。

统一理念不但是可能的，而且是极为必要的。因为一个国家、政党、机关、企业，如果大家基本理念都不统一，那么行为就会相互冲突，难以整合，也就无法领导和管理。因此对于领导者或领导机构来说，一个极为重要的问题，就是理念领导。因此，应该把统一思想的功夫转移到统一理念上来。

理念是思想的灵魂，要用理念来引导人们的思想和行为，而不是相反。高明的领导者，总是能够抓住那些能够引导人们去一起行动的基本理念。

后人为邓小平总结出了一整套理论，其实邓小平的特点是善于用理念来引导人，而不是制造出一整套的论证严密的理论。例如"解放思想"、"发展才是硬道理"、"小康"、"三个有利于"等等。所以人们说他说的是"一句一句的"，因为他表达的是理念，因为他抓住了引导人们思想行为的灵魂。

理念是一个点，而不是一大套说法；是一句话，而不是一篇"大作"或一本书。而且对于领导者来说，并不在于这句话是不是自己发明的，而在于谁用来去引导大家。一个好的领导者，不需要去搞一大套理论，去装作无所不能的神，而是善于找到这样的理念，并高高举起它，引导人们去行动、去实践。因此，优秀的、卓越的领导者，并不是理论家，也不是理念家，因为理念并不一定是他发明的，而是他发现了某个理念的价值，用它来作为旗帜，去引导人们。因此高明的领导者往往是一个优秀的旗手，善于举起理念的旗帜去引导人，这正是高明的领导者比理论家伟大的地方。

高明的领导者能够举起某个理念的旗帜，首先在于他能够从社会上众多的、甚至鱼目混珠的说法、理念中，识别出在这个时期最为适合社会或者适合自己组织的理念。他懂得理念是一个点，这个点是一种类似

灵魂意义上的东西。无论你熟悉、学习了多少理论，只要没有找到这样一个点，就没有抓住理论的灵魂。理念具有时代性，它并不适用于古往今来所有的时代，而是每个时代都有其特定的理念。也正因为这样，它能够揭示这个时代的深刻内涵和要求；理念因为具有时代性，所以为人们指明一种正确的方向，只有沿着这个方向前进，才能达到某种目标；理念在明确方向的同时，往往还能给人们提供途径或方法上的原则。

高明的领导者懂得，理念尽管只是一个点，但是这个点如同一颗原子弹，蕴含着巨大的能量，它一旦为人们所认同，就会形成一种强大的驱动力，让人们焕发出热情和力量，向着一个方向去努力。

当今时代是一个飞速变化的时代，而时代越是变化迅速，就越是需要理念的引领，理念的引领作用就越重要。所以在这个时代里，最高的领导不是行政领导，不是企业家，而是理念。例如"信息化"、"全球化"、"高科技"、"信息高速公路"、"升级"、"学习型组织"、"可持续发展"、"新能源"等等，这些理念不是在领导世界吗？因为许多理念提供的是一种导向、一种模式，而行政和企业的领导者是靠这些理念来领导的，是执行这些理念的。对于各个行业的领导们来说，就要结合自己的工作实际，把这些理念具体化，提出本行业、本组织相应的理念。因此，好的领导就必须紧紧抓住一些理念点，让它们给人方向，引领人们走向成功。

优秀领导要抓契合点

毛泽东领导中国革命成功，就是找到了农民的需求和共产党主张之间的契合点，找到了武装斗争和中国广大农村之间的契合点，找到了中国共产党和各民主党派之间的契合点并建立起统一战线。通过这些契合点，中国共产党整合了社会资源和力量，赢得了自己的优势，一步步取得了战争胜利。

　　1948年，美国贝尔实验室发明了晶体管，但是发明者认为晶体管20年后才会有实用价值。当时索尼公司还是一家比较小的公司，但是其创始人盛田昭夫在报纸上看到这则消息之后，立即飞到美国，仅仅花了2.5万美元就买到了其制造权和销售权。三年之后，索尼的晶体管便携式收音机就占领了美国市场，五年后占领了世界市场。盛田昭夫看到并且抓住了晶体管发明和市场之间的契合点。

　　优秀的领导者，总是善于找契合点，通过契合点创造一种模式，通过契合点实现领导。

　　领导者做工作时要做整合，要把不同的东西结合到一起，进行整体配置，不整合就无法进行领导。整合包括战略的整合、资源的整合、人员的整合、群体的整合、文化的整合等等。而整合并不是随意的，要找到契合点，没有契合点就无法整合。所谓契合点，就是找到这样一种点，它能够把双方联系起来，最好能够互相接受、互相补充、互相介入，形成良性的互动。

　　领导者要随时寻找各种各样的契合点，例如目标与现实的契合点，战略与执行的契合点，经营层与群众的契合点，传统和现实的契合点，文化活动与人们心理之间的契合点等等。

　　怎样判断一个领导会不会找契合点？就是看他对问题是直切主题，找到事物之间的联系或共同点，找到不同的需求点，还是对问题停留在一般上。在工作中我们常常发现这样的领导，他们喜欢发空洞的号召，例如大讲特讲理论要和实际相结合，讲这种结合的重要性，至于怎么结合却说不出所以然。为什么说不出所以然？是因为他不知道理论和实际之间的契合点在哪里，某种理论对现实有什么用处，现实需要什么理论，采取什么方式才能使理论得到应用。正因为不知道契合点在哪里，一些领导就总觉得已有的理论不适用、不够用，于是不断寻找新的理论，把自己的企业当作了各种理论的试验场，结果试来试去，什么都不管用，最后却怪理论不解决问题。这样的领导就是不合格的。

创新的六个关键点

上世纪90年代开始，学习型组织、研究型组织、创新型组织等概念大为火爆，风靡世界。人们往往以为三者是不同的组织，其实这是很大的误解。

在今天的信息化、全球化、高科技时代里，社会的各个方面都在不断变化，每个人都需要学习，都要研究问题，都要有创新能力。而且，这个时代里每个人的知识都是有限的，需要知识"共享"，组织化学习；每个人都很难单独解决某个方面的所有重要问题，因此需要组织化的研究和创新。学习、研究、创新在每个组织中都不是互不相干的问题，而是一个过程的不同环节。三者一体化，是各种组织的一个基本趋势。

因此，学习型、研究型、创新型组织并不是三种组织，而是在一种类型的组织要解决好三个问题，是一种组织。或者说，学习型组织就应该是研究型、创新型组织，反过来也是如此。对于这一问题，我在《升级才能生存》和《带着问题学——裸面学习法》两书中，已经有过详细阐述。本书所说的创新，也是和学习、研究紧密结合起来的。

问题点

无论是学习、研究还是创新，都必须有问题，问题能够激活人们的智力潜能。

激活人们智力潜能的东西有许多，例如信息、利益等等，但首先要有问题。以往人们总是强调学习的重要性，其实问题是学习的前提条件。不怕不学习，只怕没问题。问题是学习的靶子，有了问题才需要思考，思考需要知识才不得不学习。然后通过学习，一个人的素质才能够升级，

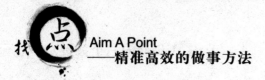
才有人对知识的应用和创造。

"问题—思考—研究—学习—应用—创新"，这些构成一个链条。在这个链条的序列中，问题是第一位的，没有问题就没有其他任何环节。问题是开启智慧的旋钮。

学习从哪里起步？什么是学习型、创新型组织的起点？是问题。问题是学习的起点，也是学习型组织的起点，离开问题就不会有学习型组织、创新型组织。

离开问题，任何学习都是一种表面化的没有目标的学习，是糊涂学习，是静态学习，是学习者被动的学习，是低智商化的学习。因为没有问题，人对于学习内容就不可能有深刻理解，就不可能有深刻记忆，更不可能提高实际的思维和创造能力。这样的学习是没有多大意义的。

如何对待问题，是对一个领导、一个组织的非常重要的考验。一切智者、能者都是头脑中有问题的人，一切成功的组织都是比较能够正视问题的组织。一个优秀的领导可能需要许多方面的素质，但他最重要的素质必须是能够发现、正视并紧紧地抓住问题。他首先不是靠权术和所谓的某些领导艺术去摆弄人，而是用正视问题来面对人，用抓住问题来引导人，用解决问题来征服人。离开正视问题，就不可能有优秀的领导者。

反过来说，在信息化、全球化这样多变的时代逃避问题就是逃避生存和发展的机会。因此最大的问题不是问题本身，而是逃避和掩饰问题。最糟糕的组织不是存在问题和危机的组织，而是惧怕和无视问题的组织；最糟糕的领导不是能力低下的领导，而是根本就惧怕和无视问题的领导。

寻找和正视问题，对于一个组织来说非常重要。怎样去寻找问题？必须是知道到哪里去寻找问题。问题在哪里？问题在事实中，问题在未来的趋势中，问题在员工和客户的眼中和头脑中，要创造条件让大家讲出来。大家讲出来问题之后，要列出一个清晰的问题清单。

如果一个单位让大家充分寻找问题，找到的问题都会非常之多，那么对于这些问题就要进行分析，从中找到最紧要的问题。这种筛选必须是客观的，要找到问题的关键点，在此称之为"问题点"。

所谓问题点就是在诸多问题中，直接看来就比较真实和关键的问题。这包括如下几层涵义：

(1) 必须在所有问题中寻找问题点

所有问题都是寻找问题点的前提，而不是离开问题去按照某种理论和其他设定的前提去寻找。

(2) 问题点是直接就可以判断出来的

例如有这样三个问题：A.某打字员打字经常出错；B.打字员文化程度太低；C.选用打字员没有严格把关。在这三个问题中，显然C是问题点，这并不需要理论的判断。

(3) 问题点一定是真实的问题，而不是虚假的

在寻找和整理问题的过程中，一定要注意甄别真假问题。例如，"我们的能力有待提高"，这个问题就是假问题，是说和不说一个样的问题。

一个组织，要在人们提出的诸多问题中准确地找到问题点，并不是一件非常容易的事情，因为许多问题混杂在一起，头绪繁多，鱼目混珠，所以必须有一套明确的方法，以便于从中找出真正的问题点。在本作者的《带着问题学——裸面学习法》一书中，提出了三种方法：排除法、揭破法、归结法，即排除并非问题的"问题"，揭破人为认定的"伪问题"，归结出关键问题。尤其重要的一个方法，就是要把各种问题之间关系理清，确认出焦点问题——也就是问题点中的关键问题，然后列一个问题清单。无论对于个人学习和研究、创新，还是对于一个组织来说，都应该有一个问题清单。学习、研究、创新，都应该从问题清单开始。

症结点

一位患者因为患有严重胰腺炎，在医院抢救和治疗四个月，用了大量抗菌素。出院后，发现腹部发凉、腹痛，而且每天腹泻数次，面色萎黄，身体瘦弱不堪。为治腹泻，多次找到医生看病，大多数医生开出的药方都是左氧氟沙星、氟哌酸、黄连素之类的抗菌药。服药后，腹泻反而进一步加重。

在他的症状中，什么是焦点问题？显然是腹泻，腹泻是问题的关键，而发凉都是相关的症状，面色萎黄、身体瘦弱是其结果。

那么是什么造成了腹泻这个焦点问题？医生们按照常规思维，以为腹泻是一般的肠炎，细菌是背后的症结点，所以大量用抗菌素之类的药，当然是越用越重，因为治疗完全南辕北辙了。

真正的症结点是什么？是大量使用抗菌素之后，肠道帮助消化的正常菌群——双歧杆菌、乳酸菌等被杀光，肠道不能正常消化，也就是中医所说的虚寒之症。患者接受建议之后，服用四神丸、丽珠肠乐等药后，症状明显改善。

中国传统中医，强调治病要找到背后的症结，而不是"头痛医头、脚痛医脚"。

不管什么工作，面对各种问题，都要不断追问。只有这样的追问，才能真正认清问题，理清问题的头绪，揭示问题的根源，系统地、深入地把握问题。

在各种问题中找到焦点问题，然后还应该进一步追问：什么造成了焦点问题，也就是焦点问题背后的问题是什么？

焦点问题背后的问题叫做症结点。如果一个企业效率低下，而导致效率低下的原因是因为存在管理的漏洞，那么管理不善是症结点吗？不是。如果管理不善是因为官僚主义的存在，那么官僚主义是症结点吗？也不一定是。

症结点是焦点问题背后的作为焦点问题原因的那个问题。例如，是什么造成了企业的官僚主义？在通用公司，韦尔奇认为官僚主义存在，是传统的发号施令体系和相应的以控制和监督为主的管理观念造成的，这就是官僚主义这个焦点问题背后的症结点。韦尔奇接手任总裁之初，通用公司存在大量效益不佳问题即问题，效益不佳是因为缺乏核心竞争力即焦点问题，韦尔奇最后找到一个重要原因是经营的过度多元化，公司已经成为一种互不相关事业的一种混合体即症结点。韦尔奇为什么能够把通用电气治理得那么好？因为他找到了公司两个方面的症结点问题，并且立即予以有效的解决。

症结点这个概念，可以把对问题的分析引向深入。那么症结点有哪些明显的特征，如何辨认和确认它？

症结点具有这样一些特征：

(1) 焦点问题之母

能够成为症结点的问题，并不是一个小的单一的问题，而是作为许多问题特别是若干焦点问题的原因的问题，是某些焦点问题之母，这个问题是贯穿于一个过程中的问题，因此可以说它是一个大问题。

(2) 模式化的问题

为什么这个问题能够成为某些焦点问题之母？因为这个问题造成了一种模式，其他一系列问题都在这种模式之中，因此我们说这个问题是一个模式化的问题。例如缺乏民主制约的官僚体系就是一种巨大的模式，这种模式不断制造诸如无人负责、权力寻租等很多问题，单一的命令主义行政模式也是一种模式，它是企业缺乏学习和创新能力、缺乏活力的原因。再如肠道正常菌群缺乏就造成了一种肠道运动方式，导致一系列身体症状出现。值得注意的是，这种模式化的问题，往往导致某方面系统性的错位，从而制造出许多问题。

(3) 具有一定的隐蔽性

这个问题不像一般问题那样直观，而是比较隐蔽。它的影响不是通过自身直接表现出来，而是通过其他一系列具体问题表现出来，例如传统的发号施令的体系，它的弊端表现在一系列具体的问题上，如管理上的低效、推诿、拖延、信息不畅、形式主义，以及员工的被动和压抑等等。这些问题往往被人们认为是某些人的个人问题，或管理上某些方面不完善问题，而不是管理体制的问题。产权问题也是这样，它在背后操纵着人们的心理和行为，产生诸多问题，那么人们很容易看到直接问题，却不容易意识到它的影响。肠道正常菌群缺乏，出现的某些症状和普通的肠炎很像，因此不经过认真的了解和分析很容易判断错误。

症结点具有隐蔽性、稳定性、长期性等特点，人们在认识上总是会遇到一些障碍，这是它们难以被人们发现和解决的原因。

症结点总是潜藏在问题的背后，但并不是在诸多问题的背后只是有一个症结点，其实症结点也应该有许多层次。焦点问题是处于什么层次的，就会有什么层次的症结点。

例如，某企业的产品在市场上滞销，经过研究发现滞销的原因是产品外观设计落后，而同设计落后等几个方面问题关联度最高的是缺少流行要素，那么缺少流行要素是焦点问题。那么进一步，设计上缺少流行要素背后的症结点是什么呢？最后发现症结点是产品定位存在问题，应该定位在14～20岁的少女群体上，却定位在整个青少年群体上了。在这个分析系列中，产品定位问题就是要找到的症结点。这个症结点不只是一个客观的事实，也同时是一个认知的问题，是认知同现实的一种错位造成的。正是这个定位上的错位，把企业的设计和销售行为模式化了，导致了系统的错位。这个通过模式化导致系统错位的问题点，就是症结点。

对于问题的分析，一旦深入到症结点的层次，就必须深入学习。如果说找问题点和焦点问题一般不需要太多的知识，在具有一般知识的情况下，凭着工作中的体会、经验和思考就可以做到的话，那么要寻找和判断什么是症结点，就必须具备丰富的知识，包括有关领域最新的动态信息。因为症结点之所以能够使组织或组织的某一个方面模式化，往往有其深刻的历史背景和现实原因，并不是一个简单的问题。对它的认识和分析、决策，都应该十分慎重，不能贸然做出。此外，由于症结点同各种问题之间关系具有隐蔽性，因而很不容易判断，在认识上经常会出现偏差，如果不能认清并且权衡利弊，那么可能"一着不慎，满盘皆输"。

未来点

第一次世界大战结束后，很长一段时间，吸烟成为西方青年人流行的生活方式。为了占领市场，生产万宝路的莫利普·莫里斯公司花费巨资做靓丽女郎吞云吐雾的广告。十年里，万宝路的包装换了几次，广告中的女郎更加靓丽时髦，但热销场面却没有出现。企业高层为此非常苦恼，但是不知道症结在什么地方。后来一位高层管理者提出：是不是企业目标市场出现了问题，没有精确到一个点上？他提出的问题让大家如梦方醒，最后大家一致赞同产品定位精确化，将企业产品的目标市场定位为以男性为主导，广告也用富有阳刚之气的男子汉取代了女士。很快，万宝路开始成为美国市场上最畅销的品牌，公司的业绩在一年后增加了3倍。

万宝路成功了，成功就在于他们意识到应该把自己的目标集中在一个明确的点上。正因为聚焦到一个点上，所以他们才有了巨大的成功。这是一个把目标精确到一个点上的典型案例。（引自《法则》，比尔·罗伯特著，李一平译，中国市场出版社2004年出版）

信息化和全球化的时代，对于企业来说是一个高出生率和高死亡率的时

代。变化让世界充满机会，大量新的企业出生；变化也给企业带来了无处不在的风险，不断有企业倒闭。无论是大量企业的出生还是倒闭，都让人感到环境难以把握，信息太多了，环境的变化太快了。

未来的世界越是精彩和丰富，人们面对它越是容易茫然无措，越容易在其中迷失。其实世界无论多大，多么精彩，都不要在其中流连忘返。无论地球多大，属于你的只有一个真正的小家园。无论未来的世界多大，你不可能全部占有，属于你的只有一个点。只有能够紧紧地抓住这个点，未来的世界才会同你链接起来，这个世界才会在一定意义上属于你。切忌只有追求方向而没有目标，或者确立多个目标。把目标精确到点上，才能真正赢得未来。

美国得州仪器曾提出一个明确的口号："两个以上目标等于没有目标！"他们因为目标精准，在这个行业里竞争力非常强。但是，还有许多的企业因为目标模糊或分散而尝到了苦头。

北京一位开办大众餐饮的老板，在餐饮生意兴旺发展的情况下，乘势办了数家其他公司，如采石公司、培训公司、贸易公司、图书公司等等。当时咨询时，我曾建议他慎重开办其他公司，因为即使这些项目真的赚钱，也会分散精力、分散资金。但是他还是坚持开办了5家新公司。

这些公司没有正式运转时，还能顾得过来，但是运转起来之后，才发现资金不够了；等一些公司出现问题之后，发现精力不够了。结果数年之后，新开的公司除了持平的就是赔钱的，只能一个个关门了事，重新回到自己熟悉的餐饮业。现在，这家餐饮公司非常兴隆，已经发展到二三十家分店。

未来需要准确定位，精确把握。一个人要成功，一个企业要成功，就要紧紧抓住真正属于自己的那个点。

许多从小立志当大人物的人，却可能临终还一直是一个普通人，因为他们有宏大、遥远的目标，却在现实中没有找到一个精确的而且可以达到的未来点。但是另外一种人却不断取得了成功——他们当副科长时只是把当正科长或副处长作为一个明确的未来点的人，最后可能获得了部长职务，因为他们都有一个精确的可以达到的点。许多事情道理都是相通的。

不但要预见未来，而且还要在未来中精确化自己的定位和目标。当一个人把目标定位在某一个方面的时候，只是意识到自己要做某个方面的事情，那么你很难成功，因为你的注意力很分散，不能把事情做得最好。只有当你把目标定位在一个明确的点上的时候，才会不断成功。

精准化是成功的前提。有精准化的定位和目标，才能聚精会神把事情做到极致，最后获得成功的精彩。做到目标精准化，就是在未来中找到一个明确的属于自己的点，对此我称之为未来点。所谓未来点就是一个人或者一个组织，在未来某一方面可能的图景中，找到的属于自己的一个精确的位置，这个位置可以占据，可以生存，可以扩张和发展、升级。

对于许多企业和个人来说，只是知道关心未来，但是缺乏未来点的概念。如果没有未来点，那么未来就是笼统、模糊的，因此也是无法把握的。一些组织和个人，经过艰苦的奋斗却没有成功，其中一个重要原因就是没有找到真正属于自己的可以达到的未来点。只有努力在点上，才是最有效率的；如果努力都在准确的未来点之外，那么就付出了无用功，是没有意义的。

每一个人、每一个企业都是通过未来点来占据未来世界的一席之地的。没有未来点，就没有属于你的未来的世界。目标不是一片，而是一个点，一定要把自己的目标明确在点上。对于企业来说，未来点就是明天的立足点、生存点、利润点。

要把未来精准化到一个点上，具有很大的难度。因为预见未来已经不容易，在未来中找到一个适合自己的具体的点就更不容易，问题是怎样寻找和确定未来点呢？要寻找和确定未来点，当然首先要研究未来的发展趋势，在这种趋势中去确定自己的未来点，确定未来点的时候应该注意这样几个问题。

(1) 最好的不等于最适合自己

未来有很多非常重要的、抽象看来也非常好的点，但这样的点并不一定属于你。就像是未来社会有一个国王的位子，如果能够当上这个国王当然是最好的，但你并不一定能够当上，也不一定适合当。不要去寻找最好的点，而是要寻找适合自己的点中最好的点。

(2) 充分分析社会需要和自己的条件

无论是企业还是个人，未来点都要符合社会的需要，实际是要在社会的需要和自身条件之间找到一个结合点。在这方面经常出现的两个问题是：只是关注社会需要，忽视自身条件的局限；或者只是从自身条件出发，不研究社会的实际需要。只有在充分研究两个方面，找到它们之间的结合点，才能真正确定未来点。

(3) 未来点必须是自身的优势点

社会在未来点上的竞争会非常激烈，因此不要以为某个未来点非自己莫属，一定要在诸多竞争者之中确立自己的比较优势。这就如同报考名牌大学，能否上学并不取决于自己的意愿，而是取决于你在众多报考者中的比较优势。如果这个未来点正是你的优势点，你才能够稳操胜券。

(4) 适度跨越达到未来点

未来点是明天的目标，为了能够达到，这个目标一定要适当，不能脱离实际条件。因此要注意两个问题：第一个是自身条件的可能性，第二个是是否脱离环境的实际。尤其是第二点，往往容易被企业所忽略。例如某企业预见到某种产品将成为未来的消费品，便迅速生产它，结果生产出来之后发现因为过于超前，且成本过高，市场上并不能接受它。

预见未来应该尽可能远一点，把握了大趋势才能更加清醒，但实际行动一定不要以为走得越远越好，而应该以有创新又不脱离实际为原则。看两步，但只是走一步，这是处理预见和行动之间关系的一个基本原则。许多看得远的人，走得也远，这种好高骛远往往是他们不能成功的原因，因此看得远就成了劣势，反倒不如那些只顾眼前的人。看得远，但千万不要走得远，否则会掉到远处的深渊里。

(5) 未来点一定要清晰明确

预见未来只是认识其趋势就行，但寻找未来点绝对不能笼统含糊，一定要清晰明确，具体到一个真真切切的点上。因为那个点就是你的企业在未来世界中的立足点，你设计的全部大厦都是以它为基础的，它稍微不扎实就可能导致严重的失败。因此对于这个点及其同未来世界中的周边关系要反复分析论证，使之坚实可靠，以立于不败之地。

未来点之所以难以确定，一个重要原因就在于未来点一般并不是现在的显露的热点，而是需要发现的有潜力的点，这就需要很强的判断力。属于一个组织或者一个人的未来点，往往不是明摆在那里等待你去选择的，因为未来的许多问题只是在趋势中显露某些端倪，非常难以判断。等到它们基本明确的时候，人们已经趋之若鹜，机会已经被捷足先登者占据。

机会属于有远见的人。高手的高明在于比别人看得更远，在未来世界的机遇点没有明确显露出来的时候，也就是在它们还是"暗点"的时候，人们还都看不见的时候，你能够看到它。对于一个决策者来说，即使你自己看不到它，但当专家或者你的组织中的自由团队指出它的时候，你必须能够迅速地理解和判断它的价值。能够做到这一点的，才是上乘的决策者。

在每一个组织里，还要把每一个人的未来点同企业的未来点结合起来。企业的未来点确定之后，整个企业有了一个明确的方向，相应制定出发展战略，这就对企业的员工有了新的要求，员工必须进行心理调整、素质提高以适应企业的发展。怎样才做到这一点呢？办法是员工要根据企业的未来点，也相应确定自己的未来点，也就是每个员工要达到一个什么精确的目标，将来进入什么岗位，承担什么责任。

升级点

1979年邓小平会见当时的日本首相大平正芳时，提出了中国现代化发展战略上的"小康社会"概念。"所谓小康社会，就是虽不富裕，但日子好过。"为了规划中国现代化发展的蓝图，邓小平设想了著名的现代化发展"三步走"战略，即：第一步，从1981年到1990年，国民生产总值翻一番，实现温饱；第二步，从1991年到20世纪末，再翻一番，达到小康；第三步，到21世纪中叶，再翻两番，达到中等发达国家水平。

2000年，我们已胜利地实现了"三步走"战略的第一、第二步目标，全国人民的生活总体上达到了小康水平，人均GDP达到848美元，实现了从温饱到小康的历史性跨越。这是中华民族发展史上的一个里程碑。下一步将开始全面建设小康社会，即达到中等发达国家程度的现代化发展战略第三步阶段。

实现四个现代化是中国发展的一个明确的未来点。但是善于点式思维的邓小平，并没有满足于这样一个未来点，而是提出了中国现代化三步走的战略，给出了中国现代化进程中连续升级的三个点。这三个点，让中国现代化道路更加明晰，更具有可操作性。

未来点给予的是一个组织或者个人达到更高层次的目标点，但是这样的点并不一定能够一步到位，那么达到未来点就是一个分步走的过程，就是不断升级的过程。这样升级的过程应该有几个关键点，就是一个必须重视的问题，因此需要一个升级点的概念。

例如，一个企业在确定了自己的未来点，也就是确定了未来的产品和服务的定位之后，就要围绕这个未来点追求性能、质量、外观、优势、品牌等各个方面的升级，就要把这种升级过程分成一系列步骤，就要有升级的关键点，也就是升级点，这些点就是实现未来点的路径上的一个关键性环节。

在那些粗放管理的组织中，在确定了一个总体的未来目标之后，只是笼统地提出对各个方面的原则性要求，要求把各个方面的事情"都要办好"，否则就会"严肃处理"等等。这样的管理往往看似严格，其"严格"只是在表明一种笼统的态度，而不是落实在实际程序和操作上。这样的"严格"实际上往往漏洞百出，因为这样的管理存在两个问题。

(1) 未来的目标是笼统的，没有一个明确的未来点，这样的目标尽管可能让人们感到宏大遥远，却令人很茫然；

(2) 组织的各个方面没有同未来点相应的升级点，发展要求不明确，没有具体方向和操作指引。如果一个组织存在这样两个问题，无论它的目标和要求如何激动人心，其激励人们的作用也不会长久。

升级点是既有组织发展的整体上的，也有各种局部的、微观的。后一种带来的并不是企业的整体或某一个方面的升级，而是企业或产品的某一点上的改进，例如产品的外观更加美观，性能进一步改善，成本更加节省，再如企业管理上更加精细等等。如一个生产手机的企业，如果把你的企业的未来点确定为某种新型产品的话，那么一定还要明确在产品性能上把点确定在何处：让人们用某种新的方式获取更多的信息，更加便于携带和使用，延长待机时间等。当然究竟让人们用什么方式进一步获取哪类信息（如视频信息），如何便于携带和使用，如何延长待机时间等，都要有具体而明确的内容。例如能够下载和播放电视新闻和电视片，体积在多少毫米之间等。这就是在性能上的升级点。对这种升级点不要模糊地描绘，一定要清晰地定位。这种局部的、微观的升级，累加起来达到的是一种整体的优化和升级。因此

我们不要把升级仅仅理解为企业整体或者产品本身的更新换代，而应该理解为企业和产品的不断优化。升级点同时就是优化点。

对于升级点，人们很容易把这些点理解为一个一个孤立的、互不相干的点，不能联系起来考虑。这样的理解，就错解了升级点之间的关系。其实之所以叫做"升级点"，它们之间应该是一种有序的关系，是一个比一个层次高的序列。不然的话，如何升级？升级点在任何一个方面都不是只有一个，而是一个系列。正因为是一个系列，一个组织越是把各个方面的升级点清清楚楚地陈列出来，就越是便于组织的管理，这个组织才真正有效率。特别是企业，尤其要做到这一点。企业的每一层管理者和工作人员，都不仅要知道自己今天该完成的任务是什么，还要毫不含糊地知道自己工作的升级点在哪里，明天的目标和今天有什么不一样。

升级点是实现未来点的着力之处和具体步骤，升级点之间的递进关系是实现未来点的路径。那么，怎样具体去寻找和确定升级点呢？寻找和确定各个方面的升级点应该注意这样两个问题。

(1) 充分考虑未来点的要求

企业的一切升级都要围绕未来点进行，不要脱离未来点而单纯追求升级。离开未来点的升级，可能单方面来看是好的，但是却给整体的协调带来问题，导致资源浪费。

(2) 对每一个方面问题进行具体分解后确定升级点

企业的每一个方面需要确定多少个升级点，要首先对这个方面的工作进行分解，看它包含多少项内容，而每一项的升级点是什么。

既然升级点之间是一种有序的、向上递进的关系，那么就一定要注意它们之间的顺序。否则，顺序出现了问题，就无法实现升级。如同下围棋，如果顺序出错，结局相差很大。升级点之间递进的关系，链接起来组成一个组织发展的实实在在的阶梯，因此每个点之间的链接、协调是必须注意的问题。人们可能会以为任何一个方面的工作，都是越升级就越好，其实未必如此。例如，并不是销售网络越是遍布全世界越是对企业有利，它一定要同企业的生产能力相匹配；也不是管理方式越先进越好，而是要看它能否解决企业的实际问题。这就是众所周知的木桶原理所指出的，木桶盛水的数量并不取决于最高那块木板，而是取决于最低那一块。也就是从总体上说，每一方面的升级，都应该同企业的其他方面的升级相协调。而整个的升级及其进度，要看企业的未来点如何确定，以及企业战略的安排。

一个组织要升级，必须有员工的支持。也就是说，组织中的每个人也必须和组织一起升级，否则组织的升级就无法实现。人才升级，这是在组织升级中必须解决的重要问题。当一个组织发展中管理者叹息没有人才的时候，往往就是事业在升级而人才没有升级。除了引进人才之外，让企业人才升级，才是解决人才短缺的办法。另外，组织对于人才必须用升级的标准来衡量。许多单位在进人的时候，往往重视的是一个人对于组织在当下是否适用，而没有注意到这个人在素质、能力上是否能够升级。一个不能升级的人才，对于组织来说只能是阶段性人才，因为他明天就不是人才而是负担。只有不断升级的人才是长久的人才，是纵向战略型人才，或者说纵向战略型人才就是升级型人才。

突破点

据了解，"重庆打黑除恶阶段性成果汇报展"仍在继续展出，但警方增加了新内容，其中之一就是将文强藏匿的巨额赃款搬到了现场，把这些用油纸层层包好的成捆百元钞票堆成了一座八层小山。

记者采访了解到，文强的妻子得知丈夫在外嫖宿幼女后，大怒不止，便将办案人员带回自己在巴南区南泉风景区小泉别墅的楼顶，放干楼顶鱼池内的水，挖出了2000万赃款。一扎扎，码得整整齐齐，都用油纸包得结结实实

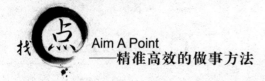
的，一点都没有进水。重庆素有火炉之称，为避暑，别墅的业主们喜欢在自家楼顶置一鱼池，没想到这成了文强藏赃款的地方。（《齐鲁晚报》2009年10月21日）

这是一则关于重庆扫黑的报道。作为黑社会保护伞的重庆市公安局副局长、司法局局长有丰富的反侦察经验的文强被抓后，拒不交代问题，其妻子也不揭露问题。但是，只是一个信息让文强的妻子张开了嘴巴，成为了案件侦破的一个突破点。

解决问题，第一是要突破，因此重要的问题是选准突破点。突破点，就是解决症结点入手的地方，从这个地方打开症结点的缺口，并且能够迅速扩大战果。正如张瑞敏所说："所谓重点突破，就是推进一项工作，一定要找到一个可以拉动全局发展的突破点，这个点可以使整体的水平提高。"

什么样的点才能确定为突破点？突破点应该具备这样一些条件。

(1) 突破点是症结点上的一个关键点

选择作为突破点的问题，不是在症结点之外的什么相关问题上，因为解决它们并不能动摇症结点。作为突破点的问题必须直接就是症结点上的问题，而且是一个关键性的问题。

(2) 基本具备解决条件的问题

只有基本具备解决条件的问题，才可能作为突破点，否则就无法突破。当然，有些问题一时不具备解决条件，在战略上可以选择为突破点，但必须去准备条件，只有在具备了基本条件之后，才能实施突破。

(3) 可以"用杠杆撬动"的问题

哪里可以作为突破点，一个极为重要的判断是这个问题在症结点的整个问题的系统中，是否容易解决。如同要搬动一块巨石，是否具备一个可以撬动它的杠杆。如果这个杠杆不具备，那么就根本不可能撬动它。这个杠杆可以是一种力量，一种方法，一种人心倾向，一种人事关系等。

(4) 具有连锁效应的问题

这个点在症结点的整体组成中关联度较高，它的解决具有连锁效应，因此从这里突破具有事半功倍的效果。

在哪里寻找突破点，不能仅仅凭理论来判断，最为关键的是要把整个症结点的组成结构分析清楚，陈列出来，进行系统的比较，哪里最符合作为突破点的条件。

寻找突破点，最为忌讳的是凭着一时的冲动仓促做出选择，如同战场上统帅被敌方激怒，没有深思熟虑就指挥军队向一个方向强攻一样，很难逃脱失败的命运。

找突破点是为了解决问题，那么找到突破点之后，如何进一步去解决症结点、实现升级呢？一般说来，对待比较难于解决的问题，可以采用的方法是：

(1) 准备基本条件

要解决一个问题，首先要看是否具备基本条件。如果基本条件不具备，那么就不要进入直接解决的程序，而是要进入准备条件的程序。就像搬动巨石之前，应该准备搬动的各种工具，清扫道路。

条件是否具备，必须在分析突破点的复杂性基础上进行审视，根据突破的过程分析判断。许多失败都是由于对于条件的审视不够，在实际操作的过程中才发现问题比准备的条件复杂得多。如果可能的话，最好把问题和条件列一个对比表，作一个系统的分析。

(2) 用杠杆去撬动

整个突破点上的行动程序，一般不能靠强行推进，而是要用杠杆去启动。因此抓住和操纵杠杆非常关键，对于手中是否有一个可以撬动整个症结点乃至整个问题系统的杠杆，以及如何操作它，应该有一个理智的判断。也就是说，要善于借助一种或几种力量。

优秀的政治家和管理者，往往都是十分善于抓住和操纵杠杆的，因此才

能够举重若轻，成就大的事业。缺乏杠杆意识，就无法成为一个优秀的政治家和管理者。硬碰硬式的蛮干，最多只是一种悲壮的愚蠢。

(3) 让问题解体或半解体

解决问题有两种方式，一种是蚕食式，一个一个地去解决；另一种是通过一个突破点，让原有的问题解体。这就如同两军对抗，一种是一个一个地消灭敌人的有生力量，直至最后达到彻底消灭的目的，但这一过程中敌军始终还是一种有组织的力量；另一种是通过一个突破点，打乱敌军的秩序，使之组织解体。

上述两种都是解决问题的办法，一般说来，前一种方法风险小而过程长；后一种方法风险大而效率高。例如，如果有一种办法可以让命令式的官僚系统解体，那么比一个一个地去解决它要好得多。

美国在20世纪90年代的海湾战争中，通过电子战首先让伊拉克军队指挥系统瘫痪，地面部队尚未攻击，胜负就已经决定了。

西方军队和二战中的日本军队在作战中惯于采用中央突破的方式，这是风险大而效率高的方法，一旦失败损失巨大，一旦成功就一举奠定胜局；中国军队的传统方法一般是避实击虚、两翼迂回，属于以弱击强的方法，过程缓慢，但风险较小。

有时候想让问题一下解体是不可能的，那么退而求其次，就争取让它达到半解体状态。所谓半解体，就是让问题的内部组合因素之间不再环环相扣，出现外部因素可以介入的点，有实现攻入的机会。半解体这种情况不只是在战争或管理中会出现，在科研上也有类似的情况，例如在一个关键的环节获得突破，使得一系列问题都重新看待，找到新的思路，从而加速解决。

值得注意的是，一般仅仅靠杠杆的撬动很难使问题解体或半解体，经常还需要给一个助推力，扩大这种撬动效应。例如在科研上把关键环节的突破理念化、方法化，就是一个助推力。助推力同杠杆相配合，才能创造四两拨千斤的奇迹。

寻找突破点，就是要达到这种让问题解体或半解体的效果。突破点的效果，关键是看问题的解体程度。如果突破点没有让问题解体或者半解体，那么突破点可能没有找对头，应该重新去审视它。

突破点的意义，在于它能够打破症结点，将带来全局的变化。因此，突破点是一个战略点，总是具有全局的意义。无论是对突破点的策划还是实施突破，都必须从全局战略出发来考虑问题，进行系统的部署。尽管这种部署最后很难完全切合发展的实际，在实际的突破过程中还要不断根据新的情况进行调整，但离开这种部署，必定会落入一种盲目和无序之中。所以突破点不能是孤立的，不是只要突破就行了，而是要有相应的措施加以配合。

抗日战争中，台儿庄大战中国军队之所以获胜，一个重要的原因是矶谷廉介第10师团长驱直入，孤军深入，完全没有跟进部署和侧翼配合，结果给中国军队以围歼的契机。

突破点的突破必须有相应的跟进部署，否则突破就失去了战略意义，造成无谓的牺牲。在战争中这种缺乏跟进的孤军深入造成的损失不胜枚举。单纯的突破也许暂时会成功，但这种成功既不能扩大也不能保持。

在确定突破点的时候，就应该有一个明确的跟进计划，确定跟进什么。跟进行动往往不只是一个点，而是互相配合的系列的行动。

操作点

若干年来中国人许多方面的实际操作能力极度弱化。政治学习运动和空洞口号流行，加之官场和商场的应酬，导致人们特别是官员忙于重复一些大

话和套话，忙于送往迎来，忙于文山会海，却无暇思考具体问题，更无暇去做具体的事情，浮在表面、躁动不安。甚至一些国有企业领导也是如此。在这种氛围的影响下，还有许多民营企业的老板也很"务虚"，在他们的心底里，似乎不太务虚就缺少一点层次。

改革开放三十年了，但是中国人思维上存在的一个严重问题，仍然是过度政治化。过度政治化思维让中国人对于许多问题有独特的思考方式，例如喜欢用大而无当的概念，讲问题喜欢上升到一定"高度"，喜欢对问题进行"理论"思考，喜欢强调问题的重要"性质"，喜欢说一些非常原则的话，做事喜欢大排场、轰轰烈烈，喜欢小题大做、小事大搞，喜欢事情还没有做就想如何大规模宣传，一些行政和企业领导喜欢把自己神化成集智慧、理论、奇迹于一身的神人。这种政治思维使得上面过于务虚，下面忙于应付这种务虚，因而对许多问题不能具体深入研究，对于具体操作层面的问题关注和研究更是少得可怜。

假、大、空、套，是过度政治化思维的特点。这种思维尽管经过了改革开放三十年，但是并没有绝迹，连一些成功的民营企业家，到了一定程度，都喜欢把自己打扮成政治家、理论家，打扮成"伟大导师"和"伟大领袖"，弄一些理论和语录来折腾自己的企业。

过度政治化思维导致人们过度务虚，结果许多行政和企业的领导在很大程度上操作能力已经弱化，他们也无法通过系统的培养或训练获得这种能力。这是中国社会以及企业界不能不高度关注的一个缺陷性问题。

一切思考、研究、学习、设计的目的和意义都在于实际的操作。离开了实际操作的思考、研究和学习，都是没有多少价值的。从这种意义上说，操作重于一切，实际操作能力是一种非常重要的能力，是做事情的终极能力。

我们平时总是讲理论和实践结合，从来不讲战略和操作结合，其实后者在很多情况下非常重要。并不是做所有的事情都需要理论，但是几乎所有的操作都必须符合战略方向，应该把战略和操作两者结合起来。对于一个组织来说，所有的组织化行动都是从战略到操作的过程，而管理则是针对它们及其相互关系所采取的操控行为。一个组织在谋求发展的过程中，首先要战略化，而后要操作化，并且要实现战略和操作之间的互动，而管理既包括对战略的管理，也包括对操作的管理，还包括对战略与操作之间关系的管理。

中国人历来重视战略，但是许多组织对于战略的理解很笼统。我们搞战略，就是要在宏观上明确方向、路径，并指导组织的工作和发展，也就是让组织战略化，这种战略化内容很丰富，一般包括这样一些环节。

(1) 问题系统化

一个组织总会面对许多问题，要制定合理的战略，就必须对所面对的问题进行整理，进行系统分析，特别是分析组织面临的机遇和挑战。

(2) 定位化

在对问题系统分析和判断的基础上，确定组织在全局中的位置，并且选定项目。

(3) 目标化

有了明确的定位之后，要进一步明确宏观的目标和方向，并且确定各个阶段性目标。

(4) 路径化

明确了目标，应该选定达到目标的路径，即通过什么方式达到目标。

(5) 理念化

根据定位、目标、路径等情况，参考社会具有时代特征的观念和组织自身的文化传统，整理出企业的系列关键词，用以引导内部以及外部有关人员的行动。

(6) 计划化

根据选定的目标和路径，制定系统的计划，确定具体的方式和步骤。

(7) 布局化

根据计划对财力、物力、人力进行配置和准备。

(8) 策略化

根据对可能发生情况的分析，制定一系列应对不同情况的策略，即灵活的变应原则，同时制定应对意外情况的预案。策略是预案的灵魂，预案则是策略的具体化。

上述八个方面，较为系统地概括了战略的要素。完成了上述八个步骤，就基本完成了组织的一个阶段的战略化任务。

战略化提高一个组织的系统能力，但是这种系统能力最后还要体现在具体的操作上。所以战略化之后应该是操作化，操作化是战略化的归宿。用游戏打个比方，如果说战略是一系列关于游戏闯关的目标和方法的话，那么操作就是具体的游戏和闯关行动。如果没有具体的游戏和闯关行动，那么目标和方法就没有任何意义。因此，操作化和战略化是对应的，是战略化的具体指向和实现。

近年在中国管理界流行两句话：细节决定成败，战略决定成败。前者强调的是操作的重要，而后者强调的则是战略的重要。那么战略和操作，哪个更为重要？其实没有哪一个更为重要，只能说这两者对于企业来说都是必不可少的。如果一个企业没有战略定位，操作就是盲目而无方向的，在这个阶段，当然战略定位是重要的；如果战略已经明确，那么无疑关键问题就是操作。还是那句话，最短的木板决定木桶能盛多少水，因此哪块木板最短，那块木板就最重要，短板决定成败。

20世纪，管理学对于企业操作上遇到的某些问题进行了对策性研究，提出了一系列有效管理模式，如全面质量管理、六西格玛等等。这是管理学在20世纪的重大成果。但是总体来看，相对于宏观问题来说，对于企业操作化问题的研究还比较缺乏。例如操作化包括哪些环节，怎样进行管理等等。

为什么对于操作化的研究比较缺乏？这是因为在人们的观念中，操作就是去做，没有什么值得研究的。事实并非如此，和战略化一样，操作化也是一个复杂而且值得高度重视的问题。

把战略变为操作，并不是一定要管理人员在非常具体的层面亲自去动手，而是把战略方案一步步具体化，并变为员工的实际行动。这至少包括这样一些环节。

(1) **具体分析**

制定战略首先需要问题系统化，即从大系统的角度来看待问题，进行组织或某一方面工作的定位。而操作化则恰恰相反，需要对具体情况进行具体的分析，例如具体要解决什么问题，这些问题的状况如何。

(2) **对策化**

在对问题分析的基础上，依据战略部署，针对问题采取具体的对策。

(3) **分解化**

把一个问题分解为若干个相关的小问题，把一个对策分解为若干个相关的更加具体的对策。

(4) **流程化**

把处理问题及其具体对策按照顺序链接起来，理出依次处理问题的顺序，形成流程图。

(5) **标准化**

根据问题及相关经验，对处理问题的行为制定出要求和指标，确定明确而具体的标准。

(6) **精细化**

通过检查监督，发现工作中的具体瑕疵，采取对策消除差错，使操作不断趋于精细。

操作必须是具体的。具体到什么上？具体到点上，一个一个的操作点上。没有点的操作是无效率、无质量的，因为它是盲目的、粗疏的。操作一定要找到操作点。

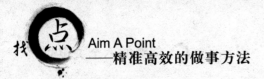
据德国机械制造业联合会2009年4月份的一份评估报告，2008年中国已超过德国成为世界第一机械制造大国了。不过，虽然中国在销售额上全球第一，但这说明不了中国机械制造业的真实地位。德国在大部分高端机械制造业上仍然占据绝对领先地位，而中国出口的多是低端机械产品。中国用于制造那些出口机械产品的机器，还有不少是从德国进口的。

想要超赶，必先学习。德国多少年来一直靠制造业享誉国际，与其他靠信息和高科技产业立足的发达国家不同，德国在全球化中没有放弃传统的机械制造业，反而是采取一种"两手都要抓"的策略，既鼓励高科技产业和创新，又坚持制造业大国的地位，走出了一条以出口立国的特殊模式。德国机械制造业长盛不衰的秘密到底何在呢？

在笔者看来，德国机械制造业长盛不衰的秘密，由两个重要的体系支撑。首先是德国工业标准协会(DIN)的高度组织性，德标体系代表了国家对工业标准的主动干预，在数代产业工人的实践经验基础之上，由国家出人出力，在理论和标准的层面对行业产品进行统一规划，这样既有效协调了本土企业之间的竞争，又整体上提升了德国工业品的竞争力。时至今日，"德标"已经成为欧盟乃至世界范围内通用的标准，"德国制造"几乎成了品质和信誉的代名词了。

其次，为了保证质量，德标很多时候都详细规定了制造业某种产品的细节和流程，任何一件产品都必须严格按照德标的规定进行生产，每一步骤都有相应的检验核查标准。就这样，不管什么企业，只要是按照德标详细规范生产出来的工业品，质量都能得到绝对保证。

DIN德标不仅仅是对工业标准的界定，透过它甚至能窥视到整个德国社会的哲学和理念。德标代表了一种一丝不苟、严谨无比的实业精神，它已经渗透到社会的各个细节，深入每个德国人的骨髓，在社会组织的各个环节，我们都能看到它的影子。也正因如此，在我们的印象中，多数德国人办事虽然死板，但是绝对按照程序一步步来，严谨无比。（引自2009年7月16日《东方早报》德国柏林自由大学博士生史欣《德国标准的启示》一文）

从国外资料看，西方各个国家和日本的各种协会，都是出台质量标准和监督质量的组织，而且还规定操作规范和要点，这是产品质量的保证。但是相比之下中国的许多协会基本属于官僚组织，经常搞的就是评选和表扬先进，想方设法收取费用。

找到操作点，明确操作程序，既是企事业单位的一项重要任务，也是行业管理的重要职责。

在管理层那里，很容易把确定操作点当作基层的事情，事实上任何一个层次的管理，都有寻找操作点的问题。只不过高层管理选择的操作点更大一些罢了。例如，一个国家要增加税收，是普遍提高税率，还是把操作点确定在某个行业的税收上？一个大型企业要进行某种投资，它选择在什么地方、什么时机、以什么组织形式来进行？如果高层在操作点上选择错了，就会导致战略败局。

对于基层管理者直至每一个员工来说，他们更应该注意寻找具体的操作点，因为他们就是负责操作的。

什么是操作点？所谓操作点就是具体的可以着手做事情的点，是可以解决问题的点，或者是整个解决问题的一个个具体的有针对性的环节。操作点具有这样一些特征。

(1) 操作点具体化

操作点的指向很清楚，它明确到具体对象上，如同战场上的射击目标一样。它不是抽象的原则或笼统的要求。

(2) 操作点是一个问题点

如果没有问题，就没有必要去解决问题。要确定一个操作点，就一定要寻

找到具体要解决的问题，有明确的针对性。因此操作点一定是一个问题点。

(3) 操作点上有解决问题的可能性

确定一个点为操作点，一定要分析它存在的问题获得解决的可能性。如果这个点上的关键性问题得不到解决，那么这个点就无法操作，必须放弃它另寻出路。

(4) 操作点是解决整个问题系列的一个环节

所谓操作点，是相对于整个问题解决的线路来说的，是这个线路上的一个点。

面对一件事情要做，你是否习惯寻找操作点？这是科学做事法和一般做事法的一个根本区别。一个组织及其工作人员怎样寻找和确定操作点，在这方面你有什么方法或者建议？要做到这样几点。

(1) 认清现状、目标

选择操作点之前，首先要了解面对的现实。特别是要知己知彼，对比自己和对象之间的情况，认清解决问题的方向和目标。

(2) 明确操作路线图

在认清现状和目标的基础上，针对要解决的问题，确定解决问题的基本路径，并且明确一个操作路线图。这个路线图当然不一定是一张图表，可以是文字的，也可以是在每一个人心中的，但一定是解决问题的基本方式及其顺序。

(3) 分解路径变为若干环节

明确路线图之后，根据现实情况，把路线图分解为解决问题的若干环节。

(4) 在每个环节上寻找问题

每一个环节上都有问题需要解决，把这样的问题陈列出来，并且排列出它们的解决顺序。

(5) 针对问题进行资源配置

针对找到的问题，进行人力、物力、财力等资源的合理而精确的配置，为解决问题做准备。

(6) 明确每一个点及其操作要求

针对问题，明确若干操作点。针对每一个操作点，明确具体操作要求，包括要解决的问题、操作方式、操作标准，应注意的问题等等。

(7) 进一步研究问题

对实际操作中遇到的问题，进一步研究，发现新的操作点，或已有操作点上的新问题，调整对策。

(8) 监督、评价和协调

对每一个操作点上的操作，进行监督，发现问题予以纠正；进行评价，奖优罚劣；进行协调，促进配合和写作。

值得注意的是，在一个项目中，每个操作点并不是孤立的，它们属于一个共同的目标。而一个项目，就是由一个个的操作点组成的。操作点之间靠什么来链接呢？靠流程。当我们用一个流程图把各个操作点链接在一起的时候，它们就组成了一个系统。

策划和创新：

"扯"是一种艺术

领导的一种重要能力是策划，或者说第一能力是策划，善于策划的领导才能开拓工作的新局面，率领团队不断走向成功。特别是信息化、全球化、高科技时代，更加需要有策划能力的领导。

善于策划也是普通员工做好工作的一种重要能力。当面对领导交给你的一项新的工作时，除了充分认识这一工作的要求和问题之外，就是要进行精心策划，考虑以怎样的思路和方案去解决问题。只会按部就班地工作而不会策划的员工是愚蠢的员工，愚蠢的员工是无法做好工作的。

对于策划，许多人不知道怎么做；而知道怎么做的许多人，只是知道策划而不知道策划的规律。那么究竟什么是策划？策划的规律是什么？

策划是创造一种模式

前几年在一个场合吃饭的有一个姓杨的诗人，为了表现自己，一次又一次地大声朗诵刚刚作的诗。此人的诗还说得过去，但是这位诗人在大家的礼节性赞叹之后，情绪越来越激动，竟然说老子、孔子、屈原、李白的作品都远不如自己，其话之大令人瞠目。

由于实在听不下去，当场一位学者直截了当地说："老子、孔子、屈原、李白之所以伟大，并不在于他们的作品达到了不可超越的顶峰，而是他们是开先河的，他们首创了一种模式，因此创造了一个时代。后人不用说作品没有超过他们，即使某些作品真的比他们的强，你仍然是在人家开创的思想或者艺术的模式下去写的，就像你跟在别人屁股后面走路，某一个脚印比人家走得漂亮些，但是要承认路是人家开出来的！"

伟人之所以伟大，是因为他们用自己的创造去开创了一个时代，所以是不可超越的。他们为人类贡献的是一种思想、科学、技术、文学、艺术等方面的一种模式，他们是模式的创造者。平凡人之所以平凡，是因为只能跟在伟人的后面循规蹈矩或者进行一些小小创新。是否创造一种可以让人们重复的模式，是伟大的标准；越多的人能够重复你的模式，并且因此对社会或对自己的人生有益，越说明你的伟大。所以，伟大是可以按照一种模式的重复率来计算的。

一个做过几十年编辑工作的人，深有感慨地说："我每天都能够见到有'可能得诺贝尔奖'的人。因为他们都很自恋，认为自己的作品如何伟大，是最有意义的创新，可以改变世界。有的反复声称自己的作品有可能得诺贝尔奖！其实他们的作品里连自己独创的基本概念或者基本理论框架都没有，而是在重复套话和说废话。"

怎样看一个人是否真的伟大，是否是一流人才？就看他是否创造了一种模式。例如人文科学领域的文化人，其职能是生产对于社会有用的文化概念（理念），用这些概念组成一种理论或者观念的模式，给人方法，可以帮助人们理解事物，有助于人们提高生存质量。如果你创造了这样的模式，例如老子、孔子、孟德斯鸠、凯恩斯等等，他们就是一流文化人，甚至有的堪称圣贤。但是那些在重复别人的语言或者对其进行解释的文化人，尽管可能红极一时，却很快会销声匿迹，因为他们没有为人们提供一种独到的模式。科学家也是如此，牛顿的力学定律、爱因斯坦的质能关系式、门捷列夫的元素周期表都为人们开创了一种可以重复使用的模式，爱迪生的电灯、电话等等发明，则为人们开创了新的生活模式。这正是他们之所以伟大之处。

经营企业也是这样，伟大的企业能够创造一种模式。企业在市场上推出全新的产品，例如家用电脑、数码相机等等，都为人们生活提供了一种新的模式。近些年有一句话，叫做"一流企业出标准"，但人们往往理解为这个企业为整个行业制定出必须遵循的产品标准，其实这是一种误解。所谓"出标准"，是指生产出代表新模式的产品，例如微软的视窗系统，Google的搜索引擎等等。企业还有一句话，叫做"一流广告做理念"，指的是企业的广告不是表面的花样翻新，而是给人们提供一种新的理念，其实也是以理念来引导人们的生活模式。一个伟大的企业，并不只是赚取高额利润，并不只是成为赚钱的机器，而是创造一种新的产品模式，创造和引导人们的生活模式，其巨额的盈利正是这种模式所创造出来的。

模式创造都是出奇制胜的结果，是突破创新的结果。即使后来被人们视为当然、以为很普通不过的模式，在最初出现的时候，都是对于原有状态的一种巨大超越，都是令人们震惊和兴奋的。而且，尽管这些模式在某个环节上可能得之于偶然，但就整体上说，都是经过谋划的，而且没有极其高明的谋划，任何改变人类生存状态的思想文化和生活的模式都不可能出现。

模式来自于策划，策划的最高境界就是创造一种模式。

策划是点之间的奇异链接

公元前354年，实力强大的魏国进攻赵国，魏国将军庞涓指挥大军包围了赵国的都城邯郸。第二年，赵国向齐国求援，齐国任命田忌为将，孙膑为军师，率军八万前往救援。将军田忌本来打算率军队去赵国与魏军直接作战，但孙膑认为，魏国的精兵都在攻打赵国，国内空虚，应进军魏国的国都大梁（今河南开封），让庞涓不得不回师保护首都，赵国之围自然得解。田忌采纳了孙膑的计谋，率军进攻魏国。庞涓得知消息，急忙丢掉粮草辎重，从赵国撤军回国。孙膑预先在魏军回国的必经之地桂陵（今河南长垣西北）

设下埋伏，当庞涓率领士老兵疲的魏军经过此地时，齐军突然出击，大败魏军。

这次战役中孙膑通过绝妙的策划，不仅救了赵国，而且打败了庞涓。在这次战役中有三个点：魏国、赵国和齐国，如果孙膑从齐国出发，直接去救赵国，那么这个思路是非常常规的。但是他打破了常规思维，从齐国出发去攻打赵国，他把齐国和赵国这两个点链接起来了，于是产生了神奇效果，取得了战役的胜利。于是有了"围魏救赵"这一谋略模式。

什么是策划？策划就是在看来不相干的点之间进行奇异的链接，从而达到意想不到的效果。例如一个企业想提高自己的知名度，怎样才能做到呢？办法就是把自己的企业的某一个点，和社会上一个热点链接起来，例如和正在准备发射的"神舟X号"链接起来，或者和某个大型活动链接起来，知名度自然就提高了。

世界上真的有这样奇异的链接。

二战的硝烟刚刚散尽时，以美英法为首的战胜国们几经磋商，决定在美国纽约成立一个协调处理世界事务的联合国。一切准备就绪之后，大家才蓦然发现，这个全球至高无上、最权威的世界性组织，竟然没有自己的立足之地。

买一块地皮吧，刚刚成立的联合国还身无分文。让世界各国筹资，牌子刚刚挂起，就要向世界各国搞经济摊派，负面影响太大。况且刚刚经历了二次大战的浩劫，各国政府都财库空虚，甚至许多国家都是财政赤字居高不下，在寸土寸金的纽约买下一块地皮，并不是一件容易的事情。联合国对此一筹莫展。

听到这一消息后，美国著名的家族财团洛克菲勒家族经过商议，马上果断出资870万美元，在纽约买下一块地皮，将这块地皮无条件地赠予了这个刚刚挂牌的国际性组织——联合国，同时，洛克菲勒家族亦将毗连这块地皮的大面积地皮全部买下。对洛克菲勒家族的这一出人意料之举，当时许多美国大财团都吃惊不已——870万美元，对于战后经济萎靡的美国和全世界，都是一笔不小的数目呀，而洛克菲勒家族却将它拱手赠出了，而且什么条件也没有。这条消息传出后，美国许多财团主和地产商名流纷纷嘲笑说："这简直是蠢人之举！"并纷纷断言："这样经营不出十年，著名的洛克菲勒家族财团便会沦落为著名的洛克菲勒家族贫民集团！"

但出人意料的是，联合国大楼刚刚建成完工，毗邻它四周的地价便立刻飙升起来，相当于赠款数十倍、近百倍的巨额财富源源不尽地涌进了洛克菲勒家族财团。这种结局，令那些曾经讥讽和嘲笑过洛克菲勒家族捐赠之举的财团和商人们目瞪口呆。（《法则》第40—41页，[美]比尔·罗伯特著，李一平编译，中国市场出版社2004年版）

洛克菲勒财团找到了一种方式，把自己和联合国这两个看来不搭界的东西链接起来，利用联合国给自己做广告，这个策划极其大胆和绝妙。

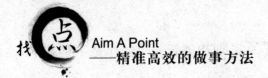

各方面"扯"的艺术

策划是点之间的一种奇异链接。而链接这个词换成一句东北话，就叫做"扯"。"扯"的涵义也是把两个以上的不相关的点链接起来。

战争是一种"扯"的艺术。武艺高强的项羽只会拼实力，而不太会"扯"，所以被会"扯"的韩信搞得晕头转向；拥有八百万军队的蒋介石，只会"步步为营"，拼飞机大炮，而不会"扯"，被会"扯"的毛泽东搞得跑到台湾去了。毛泽东忽东忽西，善于兜圈子、变花样，把本不相干的东西"扯"到一起，蒋介石就只有被耍弄的份儿了。

科学也是"扯"的艺术。牛顿把星星和力学"扯"到一起，给人们描绘了一个富有韵律的宇宙。爱因斯坦对此并不满足，他把变化的质量和变化的时间以及变化的空间"扯"到了一起，创造了相对论。还有大发明家爱迪生，总是把人们想象不到的东西组合到一起，搞出许许多多新的玩艺儿。

文学更是"扯"的艺术。谁能把不同性格的人物"扯"到一起，并且"扯"出若干令人着迷的情节，你就是文学家。诗人的"扯"更是无边无际，李白"黄河之水天上来，奔腾到海不复还"一句诗，把黄河和苍天、大海都"扯"到一起了，才是绝妙好句。

其实人们的讲话也是"扯"的艺术。有的人不会讲话，总是规规矩矩地按照套话的逻辑展开，说了前一句，听众就知道后面一大套话，毫无悬念，也毫无趣味，因为没有给人们留下想象的空间。会讲话的人，同样的内容，会"扯"得很巧妙。

二战时期英国首相丘吉尔是一位非常机智风趣的演说家，有一则关于他的笑话：

有一次，丘吉尔要赶到一个礼堂发表演讲。因是战时，一时找不到车，丘吉尔便叫了一辆出租车。到了礼堂门口，丘吉尔对司机讲："你等我一下，半个小时后我就出来，再搭你的车回去。"谁知司机斩钉截铁地说道："绝对不行，我还要回家收听丘吉尔的演讲广播呢！"丘吉尔一听非常激动，便多付了5英镑的车费，刚转身要走，就听见司机在后面叫他："先生，回来。"丘吉尔问司机什么事，司机答道："我考虑了一下，既然先生这么慷慨，我还是在这儿等你吧，管他妈的什么丘吉尔呢！"

这则笑话以幽默的方式讲了丘吉尔的演讲魅力。丘吉尔二战时期的一个著名演讲是《热血、辛劳、眼泪和汗水》，从这个标题上就可以看出，这一演讲有四个点，他用富有激情的语言把这四个点链接成为一体，就成就了这一次伟大的演讲。所以，演讲也是一种"扯"的艺术。

说话也是这样。春秋战国时代因为各个诸侯国之间复杂的交往关系，产生了一大批善于辞令的说客，也有许多精彩的对话，晏子使楚的故事就是其中一个著名的故事：

晏子作为齐国的代表来到楚国，楚王请晏子喝酒，正喝得高兴的时候，楚国的两个公差押着一个人到楚王面前来。楚王问："绑着的是什么人？"公差回答说："是个齐国人，犯了偷窃罪。"楚王转脸看着晏子问道："齐国人本来就善于偷东西的吗？"晏子离开了席位，一本正经地回答道："我听说这样一件事：橘树生长在淮河以南的地方就是橘树，生长在淮河以北的地方就是枳树，只是叶子相像罢了，果实的味道却大不相同。为什么会这样呢？因为地理环境不一样啊。现在这个人生长在齐国不偷东西，一到了楚国就偷起来了，莫非楚国的环境使他喜欢偷东西吗？"楚王笑着说："圣人是不能同他开玩笑的，我反而自找倒霉了。"

晏子回答的巧妙在于他并没有因为对方的言语挑衅而大怒失态，也没有直接去指责对方过错，而是用了一个巧妙的比喻，这个比喻把南橘北枳的

说法和这件事联系起来，也就是把两者"扯"了起来，不但巧妙地驳斥了对方，而且让对方不得不佩服。

把两个看来不相干的点"扯"到一起，可以起到意想不到的效果，对此本人也有一些体会。

2008年9月，美国《世界经理人》杂志在上海举办"管理大师面对面"活动，本人应邀和学习型组织创始人彼得·圣吉"面对面"对话。彼得·圣吉演讲后，提出让我就系统思考发表演讲。其实他的演讲已经把系统思考的基本原则都说清楚了，那么我就不能再谈理论和方法。应该说什么？我用了几个形象比喻和例子来谈系统思考，其中一个就是孙悟空和猪八戒的对比。

在《西游记》里，猪八戒就不善于系统思考。他扛着五齿钉耙，见到好吃的东西就流口水，马上想吃到嘴；他见到美女就献殷勤，乐颠颠地想靠近。他根本不去想这好吃的东西可能是妖怪点化的，这美女可能是妖怪变化的，因为他没有和彼得·圣吉先生学会系统思考，所以总是上当。

孙悟空和猪八戒大不一样。他遇到问题，总是联系起来想一想，想想事物之间的关系，这个东西是怎么来的，在大系统中是个什么关系。如果一时弄不清，他会翻一个筋斗站到云层上看。为什么要这样？因为这样可以看得全面，可以看到这个大系统的情况。如果还弄不清楚，他会翻几个筋斗到观世音那里去问清楚，因为观世音了解事物的整体，是系统思考的专家。

什么是系统思考？是站到高层次、整体的角度看问题，看到事物之间的复杂的功能性关联，看到事物机制和变化，包括突变。看到结果之前的原因，以及原因的原因；看到做某一件事情的制约因素，以及制约因素背后的制约因素；看到某种行为的后果，以及后果之后的后果。所以，从一个环节上看是好的东西不一定是好的，做事情要看整体效果，不要急功近利，顾此失彼。

彼得·圣吉为什么几十年如一日，坚持不懈地教人们系统思考，研究和传播学习型组织理论方法，强调可持续发展？因为他看到在这个信息化、全球化、高科技时代里，人类不会系统思考就会做出许多危害极大的蠢事来，所以他一直在作一种执着的努力，要把所有的短见识、短期行为的猪八戒都变成孙悟空！

如果大家都变成了善于系统思考的孙悟空，人类才不会自我毁灭，才有光明的前途！

这是我的一次"扯"的经验。

东北人喜欢用"扯"字，说一个人能说就说"能扯"，而且东北人十分幽默，因为幽默和"扯"是紧密相关的，幽默其实就是"扯"的艺术。例如中国古代有一则《剥地皮》的讽刺贪官的笑话。

古时候有一个贪官，当县令期满回家乡，见到家里多了一个老头儿，很纳闷儿，就问："这是个什么人，本官怎么从来没见过？"

家里人说是和你一起来的呀，你怎么不认识？老头儿自己上前说："我确实和您一起来的，是大人做县令时的土地。"

县令一听说是土地爷，就说："仙家真客气，您送下官一程也就够了，怎么还送到家乡，实在过意不去！"

土地爷严肃地说："我堂堂神仙怎么能送你贪官？是因为你把那个地方的地皮都剥来了，我土地爷没法不跟来啊！"

这则笑话把回家的县令和土地爷这看来不相干的两者扯到了一起，制造了一个悬念，然后又扯出了一个"刮地皮"，以"刮地皮"形容县令贪贿程度，其"扯"的水平可谓高超绝妙。没有这样的"扯"，就不可能有幽默。

当然，"扯"只有在适当的范围内进行奇异的链接才是艺术，只有把那些看来并不相干、实际上又有一定联系的问题巧妙地"扯"到一起，才是艺术，而超出这个范围，把本来不相干的事情"扯"到一起，就不是艺术，而且可能被人们看作是"胡扯"。

"扯"的基本法则

　　"扯"，可能是一种艺术，也可能是"胡扯"，那么这两者之间有什么区别？爱因斯坦把质量、能量和速度等扯到一起，提出质能关系式，为什么就能令世人五体投地？吴承恩把唐朝的玄奘取经和孙悟空以及神仙鬼怪"扯"到一起，为什么就成了不朽的文学巨著？赵本山把农民和城里人"扯"到一起，为什么就有了那么多脍炙人口的小品？也就是说，"扯"有什么规则？其基本法则是八个字：意料之外、情理之中。

　　我们可以设想如果在科学上，爱因斯坦的质能关系式并没有得出人们意料之外的结论，仍然以牛顿力学来解释事物，那么他的理论就不会有那么大的魅力，他也不可能成为最伟大的科学家之一；如果在文学上，吴承恩没有那种超乎寻常的想象力，把故事"扯"得神乎其神，超乎人们的想象，那么孙悟空的故事也就不会远播中外，西游记也就不会成为千古名著；在艺术上，如果赵本山"扯"的都在人们意料之中，而不是把想象不到的东西"扯"到一起，就不可能令人叫绝，博得人们的大笑和掌声。正因为爱因斯坦的质能关系式、吴承恩的《西游记》和赵本山的小品出乎人们意料，给了人们极大的想象空间，所以其具有无穷的魅力。可以说无论科学还是文学、艺术，其魅力都是同为人们提供的想象空间大小成正比的。如果一个科学家、文学家或者艺术家，为人们提供的成果是人们完全可以轻易地想象出来的，那么就不可能吸引人，人们就感觉乏味。这就如同一个演讲者，他的长篇讲话都是按照既定套路撰写好的，都在人们的常规想象之中，那么对于听众来说不仅没有魅力，而且听下去往往需要足够的耐力，因为这经常是一种精神的折磨。

　　意料之外是"扯"的第一法则，而第二法则则是情理之中。所谓情理，在表达方式上就是逻辑，而所谓"情理之中"就是符合逻辑。无论你想象得多么遥远，甚至看起来多么荒谬，但是一定要在逻辑上说得通。包括科学、文学、艺术在内伟大的作品，往往乍一看起来远远超出人们的想象，似乎根本不可能，简直极为荒谬，但是透过表面现象，了解其实质之后，会发现在逻辑上完全是成立的，荒谬只是表面的，这正是伟大作品的伟大之处。上文提到的质能关系式符合科学的逻辑，《西游记》的情节发展符合逻辑，包括赵本山的小品也有其特定的逻辑。

这是2009年冬天手机流行的一则短信：

荒城，狂风。一位剑客临风而立。他的剑很冷，他的眼神很冷，他的心也很冷。

最后这孙子死了！

这个故事告诉我们，天太冷大风降温时候，一定要添加衣服！

这则笑话之所以广泛流传，就在于非常符合"意料之外、情理之中"的法则。刚刚开始读的时候，以为要叙述一个很酷的故事，结果突然给出了一个结果："这孙子死了！"实在是意料之外。但是，没有人认为这个人冻死是不合道理的，因此又是真正的情理之中。其实不止幽默作品，人类几乎所有精神作品，无不以意料之外、情理之中为规则。

值得注意的是，在第一法则（意料之外）和第二法则（情理之中）这两个规则中，第一规则是受第二规则制约的。也就是说，无论意料之外到什么程度，总是要受到情理之中的制约。而那些尽管也有想象力，但是背后并没有逻辑的支撑的作品，就会真正落入荒唐之中。

意料之外和情理之中，也就是不同点之间的奇异关系。第一法则告诉我们，一定要尽可能跳出点之间的常规的关系，越超越常规越好；第二法则告诉我们，各个点之间一定要符合情理，越规范越好。符合第一个法则是跳跃的灵感，它超常而神奇；符合第二个法则的是严谨的逻辑，它严格而明晰。

正因为这两个法则恰恰相反，使得策划和创新具有很大的难度，也使得创新成为人类乐此不疲的智力游戏。

一次有趣的实验

"意料之外、情理之中"的法则，如果得到有意的运用，可以收到比较好的效果，本人在这方面有过一些体会。其中一个比较有影响的实验，是2008年在山东莱芜举办的"学习型组织的实践与创新——中国创建学习型社会论坛2008"上。

在论坛上，我为学习型组织创始人——美国麻省理工学院的彼得·圣吉先生主持演讲。他一个小时富有智慧的演讲，给了与会者很多启发。主持时候我说："彼得·圣吉先生的演讲很精彩，我听得很入神，居然差点儿忘记了自己是主持人。"本人的这段话，得到了与会者的良好反响，与会者给以掌声。彼得·圣吉也微笑着点头。但是这时候我立即补充了一句出乎大家意料的话："不过，我要向先生提一个意见。"

这句话说出之后，会场上立即鸦雀无声，大家有些惊诧地看着站在主席台上的我。我注意到彼得·圣吉的微笑的表情也变为不解，两手摊开，看着大家，轻轻地摇了两次头后，略微歪着头看着我。这时我有意停了几秒钟，然后说："我的意见是，如果你的演讲总是这么精彩，把主持人都变为听众的话，以后就不会再有人给你主持了！"

大家似乎一起放松下来，轰然而笑，给予热烈的长时间的掌声。彼得·圣吉双手的手指交叉在一起，弯下腰，和人们一起大笑起来。这成为了这次会议的高潮。

在这一过程中，我有意运用"意料之外、情理之中"的法则，当说到"提一个意见"的时候，是出乎大家的意料之外，因为在当时那种情况下，给演讲者特别是一个世界级专家提出意见，是一个非常不合时宜的事情，只有"二百五"才做得出来，所以大家表现出惊诧。而这种惊诧恰恰积聚了情绪的能量，需要释放。然后，当说到我的意见是"不要让主持人都变成忠实的听众"，这是运用"情理之中"的法则，因为这个说法很符合逻辑、符合情理。正因为符合情理，所以人们积聚起来的情绪能量得到了瞬间的突然释放，产生了哄堂大笑、掌声雷动的效果。

像做游戏一样，让你觉得想象不到，但是破解之后才知道有其道理和规则，其实科学、文学、艺术等等都受这样的"意料之外、情理之中"的法则支配，都是在带领人们做智力或者情感的游戏。如果我们掌握了这一法则，也就可以轻松地以游戏的方式来达到原来难以企及的效果。

要用能够找到点的人

"充数"的"滥竽"就是没有点

中国人都熟知"滥竽充数"的历史故事。

古时候，齐国的国君齐宣王非常爱好音乐，尤其喜欢听吹竽，手下有300个善于吹竽的乐师。齐宣王爱摆排场，喜欢热闹，总想显示做国君的威严，所以每次听吹竽的时候，总是叫这300个人在一起合奏给他听。

有个南郭先生听说了齐宣王的这个癖好，又知道吹竽的人工资很高，就跑到齐宣王那里去，吹嘘自己说："大王啊，我可是个有名的乐师，听过我吹竽的人没有不被感动的，就是鸟兽听了也会翩翩起舞，花草听了也会合着节拍摇动，我愿把我的绝技献给大王。"齐宣王听得高兴，也不加考察，就很痛快地收下了他，把他也编进那支300人的吹竽队里面。

加入队伍之后，南郭先生就随那300人一块儿合奏给齐宣王听，和大家一样拿优厚的薪水和丰厚的赏赐，也以名乐师自居，非常得意。其实南郭先生撒了个弥天大谎，他根本就不会吹竽。每逢演奏的时候，南郭先生就捧着竽混在队伍中，模仿别人的样子，装出动情忘我地吹奏的样子，还真让人看不出什么破绽来。就这样，南郭先生靠着蒙骗混过了一天又一天，赚了很多钱，享受很高的福利待遇。

后来，齐宣王死了，他的儿子继承王位后，要求每个人单独吹奏，南郭先生听到消息，就急忙逃走了。

滥竽充数的南郭先生，并没有掌握吹竽技巧的要点，这是他的问题所在。天下到处都有滥竽充数的人，这种人应该占一个单位人数的20%左右，而

在那些不注重对员工进行训练和管理的单位则更多，甚至多到80%以上。

混日子的人的基本特点是：

(1) 认为自己对于工作已经非常熟悉，已经是"行家里手"，不需要再研究和学习，或者装作行家里手，不去学习；

(2) 认为自己从事的工作并"没有什么""很容易干"，并不需要很高的素质，凑合就可以；

(3) 对工作只有一般性的认识，概念是模糊的，不能清晰地说清楚、更没有掌握工作的基本点和问题点；

(4) 对于问题没有清楚深入的思考，不知道问题背后的问题即症结点是什么；

(5) 不知道这个行业解决问题的有效方法，更不知道已经被实践证明无效的方法乃至制造问题的方法都是什么；

(6) 如果遇到问题，习惯单线思维，不能把工作中相关的复杂因素联系起来思考，往往顾此失彼；

(7) 在工作上基本是按照习惯工作，而不是动脑子工作，遇到问题喜欢说"我们一直是这样的"，似乎只要按照传统做就是正确的，出错也不会有责任；

(8) 对于各种问题包括工作上的问题喜欢发一些表面的、抽象的、似是而非的议论。

这种人的所有特点集中到一点，就是不会点式思维，不能准确、深入认识和把握工作上的一个一个具体的点。因为不会点式思维，一个工作三十年的人可能不如一个刚刚工作三天的人，后者可能比前者干得更到位。在现实生活中，人们会发现经常有工作许多年的"滥竽"，而且在冒充权威和专家。

事情是被没点的人搞糟的

一个单位里，工作上出事故较多的人，不超过20％；出事故最频繁的人，不超过5％。这种人用北京话讲，工作上总是"缺根弦儿"，有点"二百五"，心里没有准数。用本书的话讲，就是没有点。

没有点的人是愚蠢的人，是没用的人，是多余的人，他们唯一的用处是制造问题。

为什么许多单位的工作总是低效率？是因为许多人在习惯性地工作，在非常笼统地、表面地工作，

没有把工作具体、细化到点上，从领导到工作人员心里没有一个一个点。例如，许多企业的领导和管理人员只是知道大讲特讲"提高效率"，笼统地"加强管理"，却不知道哪些具体的点上有提高效率的空间，在哪些具体的点上加强管理；许多工作人员只是在重复"提高效率"的说法，向领导表示积极的态度，只知道在工作的各个环节上平均用功，却不知道应该在哪些点上着重用力。这样没有点的人，不可能真正解决工作效率提高的问题。

为什么许多单位的工作总是不出彩？是因为许多人找不到工作的突破点和全新的空间。按部就班地工作在这些单位都是大多数人的工作方式，成为了一种习惯，以至于离开这种习惯就不会工作，就会茫然无措，而且许多人都恐惧工作的新变化，在新的变化面前表现出焦虑、烦躁等不良情

绪。之所以如此，是因为人们不会点式思维，不能很快抓住新工作方式的基本点、关键点、问题点。如果一个领导如此，当然这样一个单位就不可能工作有新的突破；如果一个员工如此，那么他的工作当然也就不会出新出彩，无法改进。

实际上在工作中，许多人并不习惯带着头脑去工作，因为按照习惯工作可以避免思考之苦、之累，对于不善于思想和创造的人是最喜欢的工作方式。但是习惯性地工作所习惯的只是一般性的、不断简单地重复的东西，这种人遇到特殊情况和新的情况就不能发现问题，更不能积极、主动、有效地解决问题。事实上许多重大、严重问题总是在特殊情况下出现的，习惯性地工作的人往往对这类问题毫不察觉、缺乏警觉意识，或者被问题拖着走、得过且过，这往往是贻误发展机遇和酿成重大事故的原因。

工作不出彩是因为没有点，工作无法改进是因为没有点，工作出问题也是因为没有点，没有点地工作就是在敷衍工作、糊弄工作、给工作制造问题。

从"胸中有数"到"胸中有树"

一个很笨的人到集市上卖鸡蛋，离家之前他妈嘱咐："记住，卖鸡蛋的时候，这20个鸡蛋少8块钱不卖。"

到了集市上，有人问："鸡蛋多少钱？我买10个，给你8块钱，行吗？"他说："不行，我必须一次卖20个。"又有人问："鸡蛋多少钱？给你10块钱行吗？"他坚决地说："不行，我妈说了，少8块钱不卖！"

这个人确实笨得可以，因为他不知道、也不会算每个鸡蛋多少钱，当然也就不会更复杂的计算，所以心中没数，最多只是知道一个死数。

我们平时总是说做事要做到"心中有数"，这个"数"是什么数？这个"数"是由什么组成的？如果不加深入思考，一定会以为这个"数"只是一个形象的说法，甚至是一个比喻。其实并非如此，这个数实际上就是指做一件事的点有多少个，例如基本点有多少个，问题点有多少个，点之间的关系和顺序怎么样，清楚了这些才能够一板一眼地、有板有眼地做事情。否则笼而统之、大而化之，没有具体的数，就很容易稀里糊涂，不着边际，把事情搞乱、搞砸。

还有一个成语叫做"胸有成竹"，这个成语是"心中有数"的进一步提升。因为工作上的点并不都是并列的关系，有的是具体问题，有的是比具体问题重要一些，但是还是枝节问题，而有的问题是基本问题，就像大树的主干，而进一步这样的问题背后还往往有问题，而且是根本问题。这样，这些点之间就形成了一种类似树的关系：树叶、枝节、主干、根本。对于这样的关系，我们中国古人用画竹子来形容，称之为"胸有成竹"，这样的说法很准确很高明。所谓胸有成竹，就是心中有一棵由问题构成的树。

因此对于工作的把握，其实有两重境界：第一，清楚各个方面的点，做到心中有数；第二，弄清各种点之间的关系，做到"心中有树"（即胸有成竹）。达到了第一种境界，你的工作质量会很好；达到了第二种境界，你的工作会很优秀。

千万别用没有点的人

心中有点是做好工作的前提，因此用人千万不要用心中没有点的人。心中没有点的人是不会把工作干好的。他们只能是无所作为的人，甚至是制造问题的人，而绝对不是优秀的人。这种人不管表面表现得如何敬业、如何尽力、如何忠心，其实都只是在简单地应付工作，都是在消耗时间，都是在浪

费工资，因此都是不可用的，尤其是不可重用的。

没有点的人如何识别？这样的人至少有如下一些特点：

（1）思维空泛，看问题、谈问题往往话很多，但却非常笼统，看似全面、辩证，其实空洞无物，说和没说一个样，拿不出真正解决问题的点子。

（2）对于交给的工作任务，习惯做一般性的表态，而且善于一般性的表态，却往往不说如何去做。即使说如何去做，也往往说得很笼统。

（3）如果上级管理者提出比较新而且比较具体的思路，他们可能表面上表示赞同，但是实际比较茫然，并没有真正理解，更不能执行到位。

（4）总是习惯性地干工作，即使面对一系列问题，也很少主动提出改进思路。

（5）布置给他工作，不能马上抓住关键点，较快地解决问题。

（6）同样做一种工作，比别人花的时间明显要多，工作显得要忙，却往往效果和时间并不成正比，但这种人却总是抱怨做工作快的人不认真。

（7）对别人工作创新，往往首先持异议态度，或者说一些表面肯定实际否定的话，或者用否定创新者其他方面（如说不团结人、不尊重领导、不虚心等）来侧面否定创新价值，因为他们没有足够能力来应对创新。

这就是属于人们所说的"混饭吃"的人，千万不要被这种"没点"的人所糊弄。但是领导者总是容易欣赏这样的人，因为这样的人在领导面前喜欢做一般性的空洞的表忠心，而相反有点的人说话却总是有很强的针对性，直指问题，发表不同看法，甚至"带刺"，让领导感到不舒服；这样的人因为同样做工作消耗的时间却比较多，甚至很晚还不能下班，领导因此会有"忠诚胜于能力"的感慨，给予较高的评价，即使在他们把工作做糟糕后，领导也会认为他们尽心尽力了，觉得应该特别地给予原谅，相反对那些经常提一些新鲜的想法，领导就总是会感到"没谱儿""把握不住"，甚至怕哪天给惹麻烦，尤其是有点的人把工作做得很好之后拥有了闲暇时间，会被领导看作是"偷懒"，会被认为"工作态度不好""没有一心扑在工作上"，甚至"骄傲"等等，容易被打入另类；这样的人工作不突出，缺少突破和创造，因而没有锋芒，一般不会打破人际关系的平衡，所以在同事中人际关系也往往比较好，领导觉得这种人被评为优秀大家不会有意见，选拔上来大家容易接受，而有点的人因为总是看到问题，锋芒太露，工作突出容易让大家心理不平衡，领导觉得应该压着一点才不会被大家非议。于是，没有点的人被认为是"有大局意识""认识问题有高度""工作态度好""人际关系好""谦虚谨慎"等等，很容易因此捞到好处，甚至被提拔到更不胜任的岗位上（彼得定理就阐述了这样的道理），最后结果当然就是庸人当道，能人总是受压抑。

过度欣赏那些经常用空洞的套话表忠心的人，欣赏思维空泛却显得"辩证"的人，欣赏工作干不到位却晚下班的的人，欣赏习惯性工作、因循守旧却唯唯诺诺的人，欣赏排斥创新却有"人缘"的人，欣赏工作经常出一些小毛病缺"谦虚谨慎"的人，这样的领导自以为自己不是在看人的表面而是在看本质，自以为不是在看一时一事而是在看长远，其实根本就不会看人，也不会看工作，是领导自己心中没数。

这样的领导往往同样是庸才，因为自己也属于这类人，至少和这样的人比较接近。他们的欣赏本身就是一种明确的导向：工作其实可以"混"，可以没有头脑地去干。于是人们会得到一个结论：在这样的领导面前，高效率地、创造性地积极主动工作是一种愚蠢的行为。因此这样的领导不是在领导大家工作，而是在领导大家不要好好工作。

用人考试要考点式思维

一个工作人员特别是管理人员只有具有点式思维，才会具有实际工作能力，但是在社会上企事业单位聘用人员的时候，却很少顾及到对点式思维的考评，致使一些思维空泛、看事笼统、说话缺少信息量、做事做不到点子上

的庸碌无为之辈，反倒很容易混到不错的工作。

解决用人导向问题，应该首先从用人考试开始。在实际用人的考试中，许多单位考的都是很笼统的、宏观的题目，这样的题目往往看似重大，实则空洞无物，根本不能考出一个人的真正水平。因此出题应该避免出现这种过大的题目，或者即使有这样大的题目，也尽可能不要让应聘者侃侃而谈或者写一篇文章了事，而应该让他回答这个问题的关键点，看回答是否能抓住实质，是否有实实在在的新意，是否有清晰的逻辑，是否能够展开。另外，可以给应试者一些工作任务的题目，例如回答假如接受了某项任务，你认为这项工作有哪些基本点、关键点，有哪些问题点以及问题背后的症结点，如果一个应试者能够回答好这些，甚至能够有自己的创新思路，那么这个人将来工作一定会做得到位。

用人考试还应该重视的一个问题是战略思维，战略思维的考试也不能出一些过于宏大的题目来让应试者漫无边际地回答，那样的结果考出来的不是战略思维，而是侃大山的思维，得到的不是战略人才而是假、大、空、套的"人才"。因为真正的战略不是空的，而是由一系列具体的点组成的。战略可以分解成若干个点，而点链接起来可以组成整体的战略路线图。所以看一个人是否具有实实在在的战略思维，就要看是否能够在一些具体的工作点中，去伪存真，辨别轻重缓急，理清关系和顺序，列出简捷高效而又不失偏颇的工作路线图或战略路线图。一个人如果能够把若干个点这样很好地整合起来，那么这个人一定是一个具有战略头脑的人，一定是带着思路去工作的人，又一定是一个高度务实的人，那么这样的人不可能不是人才。

用有点的人吧。想在点上、做在点上的人，会一步一个脚印，走出一个自己的世界。

后　记

　　最初意识到找点问题的管理学意义，是在21世纪之交及其之后几年研究和推广学习型组织的过程中。因为我提议《学习时报》关注学习型组织、学习型社会问题，并建议举办"全国学习型社会论坛""全国学习型城市论坛"之后，发现尽管社会上反响比较强烈，但绝大多数单位和城市搞的基本都是运动化、形式主义学习，并没有深入下去。出现这样的问题令我和我的同事们很苦恼和无奈。我经过调查分析，认为其原因有传统思维、政治体制的问题，还有思维方法和工作方法的问题。因为你如果不让他们这样搞运动化和形式主义的学习，大家并不知道科学的学习方法是什么；即使你告诉他们科学的学习方法是什么，他们依旧不会去做，因为中国人的思维方式、行为方式从来就是笼统的。

　　中国需要科学的思维方法、工作方法和管理方法。为此，在2006年机械工业出版社出版的《升级才能生存》一书中，我提出了学习型组织的点式管理法，也就是研讨式学习要找到六个点——问题点、症结点、未来点、升级点、突破点、操作点。在探讨这一问题过程中，我意识到点式思维是一种必不可少的科学思维方式，而点式工作法、点式管理法、点式经营法是必不可少的做事方法，因此决定要撰写一本这方面的书。书稿于2009年完成，因为和出版单位没有沟通和协调好，到了2010年10月，刚刚结识的中国民主法制出版社邱仰林先生约稿，对邱先生和该社第二编辑室主任陈百顺先生感觉颇好，觉得是真正的出版家和实干家，于是有了现在的合作。

　　前几年我的《升级才能生存》一书得到了李开复先生的推荐，颇为受益。这次邱仰林先生又建议我请几位知名领导、企业家、专家推荐，我首先想到了当年在体改所、国家体改委的老领导，我非常敬重的著名改革家高尚全部长，他的欣然同意令我十分高兴；我又想到中国人民大学的学兄，现任国家行政学院副院长，也是著名学者、书法家的周文彰，他非常支持而且当天就撰写了推荐语，令我欣喜。企业家推荐人我当然想到了中央党校的老邻居、体改所老同事冯仑，他在社会上被称为"企业家中的思想家"，近些年更是在"野蛮生长"中硕果累累，成为了名人中的名人。我还真担心他顾不过来看短信，没想到他当即发短信欣然同意，令我兴奋。最让我喜出望外的是，我在中央党校进修二班的同学、中国科学院秘书长邓麦村为我联系了企业和社会各界景仰的柳传志先生，他的推荐更是令此书颇添光彩。此书的推荐人中还有一位十分特殊的人物，这就是"振超工作法"和"振超效率"的创立者、知名的全国劳动模范、新型产业工人杰出代表许振超，他的工作法也是我在书中专门提到的，他的推荐具有特殊的意义。

我深深地感谢此书的每一位推荐者，感谢每一位关心此书和为此书的出版作出支持的朋友，感谢每一位读者。

2010年12月29日于中央党校南院